KB046281

사람들은
왜
내 말을
안 들을까?

KIKU GIJUTSU KIITEMORAU GIJUTSU

by Kaito Tohata

Copyright © Kaito Tohata, 2022

All rights reserved.

Original Japanese edition published by Chikumashobo Ltd.Korean translation copyright
© 2024 by Moonye Publishing Co., Ltd.This Korean edition published by arrangement
with Chikumashobo Ltd., Tokyo, through The English Agency (Japan) Ltd. and Danny
Hong Agency

이 책의 한국어판 번역권은 대니홍 에이전시를 통한 저작권사와의 독점 계약으로 ㈜문예출판사에 있
습니다. 저작권법에 의해 한국 내에서 보호를 받는 저작물이므로 무단전재와 복제를 금합니다.

20년 경력 상담심리사가
실전에서 써먹는
듣는 기술, 말하는 기술

사람들은
왜
내 말을
안 들을까?

도하타 가이토
김소연 옮김

✿ 문예출판사

일러두기
- 이 책에서 제시한 사례는 저자의 임상 경험을 바탕으로 하되 사생활 보호를 위해 익명화, 단편화하여 재구성했습니다.
- 주석은 독자의 이해를 돕기 위해 옮긴이가 추가했습니다.

차례

....

노하우편 ▶

들어가며

....

뜬금없는 질문이지만 여러분은 '들을 문聞'과 '들을 청聽'의 차이를 아시나요? NHK 방송문화연구소 홈페이지에는 "단순히 '듣는' 경우에는 일반적으로 '들을 문聞'을 사용하고, 주의 깊게(진지하게) 혹은 적극적으로 귀를 기울이는 경우에는 '들을 청聽'을 사용한다"라고 쓰여 있습니다. 즉 **'들을 문聞'은 소리가 귀에 들어오는 것이고, '들을 청聽'은 소리에 귀를 기울이는 것이죠.**

'들을 문聞'은 일상에서 사용합니다. '아까 들었는데 또 주가가 내려간 모양이야'라든가 '부장님은 이야기를 전혀 듣지 않는다니까'와 같이 씁니다. '소문所聞'처럼 내가 듣기를 원하지 않아도 귀에 쏙쏙 들어오는 느낌이 들기도 합니다.

반면 '들을 청聽'은 좀 더 특별한 경우에 사용합니다. "저 곡을 듣고 있으면 여러 생각이 떠올라"라든가 "부장님한테 정확하게 들었어"처럼 말이죠. '경청傾聽'에는 시간을 들여 귀를 기울인다는 어감이 있습니다.

이렇게 말할 수 있겠네요. 수동적인 게 '들을 문聞', 능동적인 게 '들을 청聽'. 혹은 상담심리사로서 제 나름의 정의를 내린다면 **'들을 문聞'은 누가 하는 말을 말 그대로 받아들이는 것, '들을 청聽'은 누가 하는 말의 이면에 있는 감정을 살피는 거라고** 정리해도 좋을 듯합니다.

수동적인 듣기와 능동적인 듣기

그렇다면 '수동적인 듣기聞'와 '능동적인 듣기聽' 중에서 어느 쪽이 더 어렵다고 생각하나요? 사실 저는 '능동적인 듣기聽'가 훨씬 어렵다고 할까, 수준이 높다고 생각해왔습니다. 제가 일하는 분야인 임상심리학에서는 '능동적인 듣기聽'를 자주 사용합니다. 전설적인 임상심리학자인 가와이 하야오河合隼雄도 《마음의 소리를 듣다 こころの声を聴く》, 《읽는 힘, 듣는 힘 読む力・聴く力》이라는 책을 썼지요. 그러므로 '수동적인 듣기'는 비전문가도 할 수 있는 당연한 것이고, '능동적인 듣기'가 전문가

에게나 가능한 고도의 작업이라고 생각해왔습니다. 상담심리사는 상대가 하는 말의 저 깊은 곳에 있는 감춰진 생각을 들을 수 있어야 한다고 말이죠.

그런데 제 생각이 짧았습니다. 아무리 생각해도 **'능동적인 듣기'보다 '수동적인 듣기'가 더 어려운 것 같습니다.** 즉 "왜 제대로 안 들어?"라든가 "잘 좀 들어봐!"라고 할 때, 우리가 원하는 것은 '능동적인' 듣기聽가 아니라 '수동적인' 그냥 듣기聞입니다. 이때 상대는 깊은 속마음을 알아달라는 게 아니라, 내가 말을 하고 있으니 일단 그거만이라도 들어주기를 원하는 겁니다. 내 말을 순수하게 들어달라. 이게 "잘 좀 들어봐!"라는 말이 갖는 의미입니다.

이게 무척이나 어렵습니다. 아무리 노력해도 상대가 하는 말을 순수하게 받아들일 수 없는 때가 있기 때문입니다. 예를 들어 "사랑해"라는 말을 듣고 '이 사람, 내 재산을 노리는 건 아닐까?'라는 생각이 들면 진의를 파악하느라 그 사랑한다는 말을 곧이곧대로 받아들이지 못합니다. 혹은 "네 말에 상처받았어"라는 말에 바로 '그렇지만 너한테도 문제가 있어'라는 생각이 들면 우리는 단번에 상대의 말을 되받아칩니다.

우리는 듣고 싶지 않을 때가 있고 들을 만한 여유가 없을 때도 있습니다. '듣기聞'는 말 그대로 소리가 귀에 들어오는 거라서 쉬워 보이지만 우리는 종종 귀를 닫습니다. 그래서 '능동적인 듣기聽'보다 그냥 '듣기聞'가 더 어렵습니다. 마음 깊은 곳의 감정에 공감하는 것보다 열심히 호소하는 말을 있는 그대로 순수하게 받아들이는 게 훨씬 어렵습니다. 그럼 어떻게 하면 '듣기聞'가 가능할까요? 이게 바로 이 책의 질문입니다.

대화가 어려운 시대

솔직히 말하면 저는 지금까지 말하는 사람의 의도를 '알아듣는聽' 데에만 관심이 있었고 '듣기聞' 자체는 진지하게 생각하지 않았습니다. 상담심리사라는 직업상 '듣기聞'는 너무나 당연한 거였으니까요. 예를 들면 '이야기 듣는 법'을 가르쳐달라는 부탁을 받으면 아마추어 같다는 생각이 들기도 했습니다. (제 생각이 짧았습니다.)

그런데 2020년 〈아사히신문〉 오피니언 지면에 '사회계평社会季評'을 연재하면서 생각이 완전히 바뀌었습니다. 3개월에 한 번씩 그 무렵의 사회상에 대한 평론을 써야 했는데 막상 사회를 들여다보니 '듣기聞'가 부족해서 나타나는 현상만 눈에 들어오는 게 아니겠어요. 지금도 그런지 모르겠지만 당시에는 갖가지 사회적 이슈와 그에 관한 다양한 목소리가 심각하게 대립하고 있었습니다. 그렇다 보니 곳곳에서 '대화의 중요성'이 강조되었지요. 하지만 제가 보기에 제대로 된 대화는 이루어지지 않았습니다. 말과 말은 돌멩이처럼 부딪혔습니다. 딱딱하고 센 말이 오가며 서로에게 상처를 입혔습니다. 서로를 이해하고 납득할 수 있는 결론을 내려야 하는데 그게 그렇게 어렵더군요.

커지는 목소리, 하지만 들리지 않습니다. 깊은 생각을 헤아리지 못하는 게 아닙니다. 나는 그게 싫다고 말할 뿐인데 곧이곧대로 들어주지 않습니다. 그 결과, 사회의 균열은 점점 깊어져갔습니다. 제가 목격한 건 그런 풍경이었습니다. 그래서 그때 제 평론은 서서히 '듣기聞'에 관한 글이 되어갔습니다. 의도적으로 '듣기聞'를 주제로 삼으려 한 게 아닙니다. 상담심리사로서 사회에 어떤 말을 할 수 있을까 생각했을 때, 이야기는 자연히 '듣기聞'로 수렴해갔습니다. **왜 우리 사회는 이야기를 듣지 못하는가.** 저는 온통 이 질문만 생각하게 되었습니다.

'듣기'를 회복하다

평론을 쓰면서 제 안에서는 상담심리사로서 사회를 어떻게 생각하는가, 지극히 소박하기는 하지만 '사회철학'이라 할 만한 것이 윤곽을 갖추게 되었습니다. 하지만 그 단계에서는 연재를 지속하는 데에만 열심이었고 '듣기聞'에 관한 책으로 엮을 생각까지는 하지 못했습니다.

책을 써야겠다고 결심하게 된 계기는 2021년 말 즈음 〈아사히신문〉에서 주관한 온라인 행사였습니다. 그 행사는 그동안 제가 '사회계평'에 썼던 '듣기聞론'의 담당 기자였던 다카히사 준 씨가 이야기를 들려주고, 신문 구독자들의 질문에 답하는 형태였습니다.

참가자는 1,000명 가까이 모였고(저는 많아야 100명 정도로 예상했는데 말이죠), 사람들의 '듣기聞'에 대한 관심이 뜨겁다는 걸 그때 처음으로 실감했습니다. 전혀 예상치 못한 일이었습니다. 참가 인원수만이 아니었습니다. 무엇보다 놀라웠던 건 150건 가까이 쏟아진 질문의 내용이었습니다. 물론 정치가나 경영인들이 이야기를 듣지 않는다는 것, 지역사회에서 점차 약해지는 유대 관계, 들리지 않는 약자의 목소리 등 사회 전반에 존재하는 '듣기聞'가 제 기능을 하지 못하는 것에 관한 질문이 많았습니다. 모임의 취지가 그랬기 때문에 당연한 일입니다. 그런데 그뿐만이 아니었습니다. 우울증이 있는 가족의 이야기를 어떻게 들어주면 좋을까? 직장 부하 직원이 걱정되는데 어떻게 말을 걸면 좋을까? 가까운 사람이 나를 몰라준다, 어떤 식으로 말하면 알아줄까? 일상에서 상대방의 이야기를 듣지 못해 어려워하는 사람들 그리고 상대방이 자기 이야기를 들어주지 않아 힘들어하는 사람들에게서 많은 질문이 쏟아졌습니다.

'듣기'의 기능부전. 그건 사회 전체가 앓고 있는 문제이며 개개인의 고뇌이기도 했습니다. '듣기'는 거시와 미시 양쪽에 걸친 절실한 문제였습니다. 그렇다면 상담심리사인 내가 할 수 있는 일이 있지 않을까. 이거야말로 **내가 매일 임상에서 다루는 문제이지 않은가.** 남편이 내 말을 들어주지 않는다, 아내가 무슨 말을 하는지 모르겠다, 아이가 무슨 생각을 하고 있는 건지 이해할 수 없다, 엄마 아빠는 아무것도 모른다. "싫어!"라고 수도 없이 말하는데도 그 사람은 전혀 들어주지 않는다. 제대로 이루어지지 않는 '듣기'에 관해 이런저런 이야기를 나누며 의뢰인의 일상에서 '듣기'를 회복시켜주는 게 제가 매일 하는 일입니다. 가만히 생각해보니 저는 '듣기' 전문가이기도 했습니다. 지금까지 '능동적인 듣기聽'의 그늘에 가려져 있던 '그냥 듣기聞'의 가치가 갑자기 크게 보이기 시작했습니다.

들려주는 기술?

'듣기'의 기능부전과 '듣기'의 회복. 왜 이야기를 들을 수 없게 되었고, 어떻게 하면 이야기를 들을 수 있을까? 언제 상대가 내 이야기를 듣지 않고, 어떻게 해야 내 이야기를 듣게 할 수 있을까? 이게 이 책의 주제입니다.

'이야기 듣는 법'은 생각보다 쉽지 않습니다. 심리상담의 세계에는 어느 정도 '듣기의 기술'이 축적되어 있습니다. 우리 직업은 일단 이야기를 들어야 비로소 시작되기 때문에 내담자가 이야기하기 쉽도록, 또는 하기 어려운 말을 할 수 있도록 하는 노하우가 있습니다. 그런데 사실 이런 노하우가 의외로 책으로 정리되어 나와 있는 경우는 별로 많지 않습니다. 아마 듣는 기술이 상당히 구체적이고 실용적이며 개인적인 방법이기 때문 같습니다. 하나하나 상담하는 과정에서 자기 캐릭터에 맞추어 만들어진 기술이기 때문에 글로 써놓으면 잔기술 같은 느낌이 들기도 하고 책으로 만들 만한 정도의 내용은 아닌 것 같은 느낌이 듭니다. 하지만 잔기술도 유용한 때가 있으므로 제 나름의 실용적인 '노하우편'으로 따로 정리해보았습니다. 독자 여러분이 자신에게 맞춰 조금씩 조절하면서 이용해주시기를 바랍니다.

그런데 진짜 문제는 이겁니다. 상대가 "왜 이야기를 제대로 안 들어?"라고 호소할 때, 노하우인 '듣는 기술'로는 아무런 대응도 할 수 없습니다. 상담도 마찬가지입니다. '이야기를 듣는 기술'이 효과를 발휘하는 것은 평소입니다. 정작 심각한 문제가 생겨서 '듣기'가 시험대에 올랐을 때 노하우는 힘을 쓰지 못합니다. '듣기'가 제 기능을 하지 못할 때, 사실 우리는 들어야 한다고 생각하면서 들으려고 애쓰기도 합니다. 그런데 마음이 좁아지고 귀가 막혀서 들을 수 없게 됩니다. 내 힘으로는 어떻게 할 수가 없다는 게 문제의 핵심입니다. 그러면 어떻게 하면 좋을까요?

결론을 말해보죠. **내 이야기를 들려주자, 여기서부터 시작합시다.** 당신이 이야기를 듣지 못하는 것은 누군가가 당신의 이야기를 들어주지 않아서입니다. 마음이 쫓기고 위태로울 때 우리는 다른 사람의 이야기를 듣지 못합니다. 그러므로 내 이야기를 들어주는 사람이 있어야 합니다. 내가 이야기를 들을 수 없게 된

데에는 사정이 있다는 것, 귀를 닫고 싶을 정도의 많은 일이 있었다는 것, 당신에게는 당신의 사정이 있었다는 것. 이런 말을 누군가가 들어준 뒤에라야 비로소 우리 마음에 타자의 이야기를 담을 공간이 생깁니다. '듣기'의 회복은 여기서부터입니다.

'듣기'는 '누군가가 내 이야기를 들어줄 때' 가능합니다. 따라서 '듣는 기술'은 '들려주는 기술'로 완성되어야 합니다. 들려주는 기술? 이상하게 들릴지도 모르겠습니다. 하지만 이야말로 '듣기'의 신비로움이며 '듣기'에 깊이 내재한 힘이고 지금부터 이 책에서 풀어나갈 수수께끼입니다.

'듣기'의 세계로

서론은 이 정도로 해두죠. 본론으로 들어가기 전에 마지막으로 이 책이 세 종류의 글로 이루어져 있다는 것만 설명하겠습니다. 첫 번째는 '사회계평'에 썼던 평론들입니다. 그 당시의 세상과 연관된 '듣기'에 관해 쓴 짤막한 글들이 각 장의 도입부에 실려 있습니다. 신문 독자를 대상으로 한 글이라 문장이 어려울 것 같지는 않은데, 글자 수 제한 때문에 더러는 응축된 표현도 써서 어쩌면 선뜻 이해되지 않는 부분이 있을지도 모릅니다. 그래서 두 번째 부분에는 '사회계평'을 상담사의 시선으로 알기 쉽게 해설한 글을 실었습니다. 심리학이나 인류학적 지식을 소개하면서 왜 '듣기'가 제 기능을 하지 못하게 되었고, 어떻게 하면 '듣기'를 회복할 수 있을까를 순서대로 설명했습니다. 세 번째는 실용적인 매뉴얼, 노하우편입니다. '듣는 기술'과 '들려주는 기술'로 나누어 정리했습니다. 이 부분은 독자 여러분이 일상에서 사용한다는 걸 전제로 했는데 도움이 되기를 바라는 마음으로 썼습니다.

이처럼 조금씩 온도가 다른 세 종류의 글이 '듣기'의 사회적, 일상적, 임상적인 모습을 부각하며 그곳을 관통하는 본질을 드러내주기를 바랍니다. 때때로 당신의 귀를 빌려주세요. 당신과 당신 주변의 '듣기'를 회복할 수 있도록 제 이야기를 들어주시기를 바랍니다. 자, 이제 시작해볼까요? '듣기'의 세계로 함께 떠나봅시다.

도하타 가이토

1장

왜 들을 수 없게 되었는가

전해지지 않은 말

"왜 사람들은 이야기를 듣지 않을까?" 떠나는 수상*은 마음 속으로 이런 생각을 할지도 모른다. 지난 1년간 수상은 무수히 많은 말을 해왔다. 사회의 위험에 대응하기 위해 다양한 문제를 설명하고, 다양한 시책을 발표해왔다. 하지만 우리는 그 말을 한마디라도 기억하고 있을까? 긴급 사태 선언도 그렇다. 큰 목소리로 외쳤던 그 말은 우리 귓전에 얼마나 다가왔을까?

코로나19 초기, 독일의 메르켈 총리는 텔레비전 연설에서 국민의 자유를 제한하는 긴급 사태가 초래된 것에 대해 국민에게 용서를 구하고 협조를 요청했다. 콘서트에 가지 못해 낙담한 사람들까지 챙기며 사람과 사람의 교류가 단절되는 아픔을 이

---

* 일본의 제99대 내각총리대신인 스가 요시히데菅義偉. 전임 총리인 아베 신조에 이어 2020년 9월부터 2021년 10월까지 약 1년간 재임했으며 후임은 기시다 후미오다.

야기했다. 시대의 기억에 각인된 그녀의 말과 일본 수상의 말은 무엇이 달랐을까?

전달되지 않는 말이 정권의 수명을 단축시켰다. "왜 듣지 않죠?"라고 묻고 싶어진다 해도 이상할 게 없다. 하지만 그 질문은 의미가 없다. 커뮤니케이션이 제대로 되지 않을 때, 그 원인을 상대의 귀에서 찾는다면 사태는 엉뚱하게 꼬이기 때문이다. 관계의 개선을 바란다면 자기 말을 되짚어봐야 한다. 아니, 아니다. 더 근본적인 문제는 자기 귀에 있다. 상대가 내 이야기를 듣게 하려면 먼저 들어야 한다. **듣지 않고 내뱉은 말은 상대에게도 들리지 않는다.**

하지만 '듣기'가 쉽지 않은 것도 사실이다. 우리도 평소에는 수도 없이 실수하고 있으니까. 예를 들어 당신과 함께 사는 배우자가 있다고 하자. 매일 식탁에서, 거실에서, 집 밖에서 막대한 양의 말을 주고받을 것이다. 하지만 그 이야기는 대부분 한 귀로 듣고 한 귀로 흘린다. 서로 상대가 무슨 생각을 하는지 '알기'에 주의 깊게 듣지 않아도 대화가 나름 성립되기 때문이다. 이게 나쁜 건 아니다. 평소에는 그래도 괜찮다. 이야기를 제대로 듣지 않아도 어떻게든 돌아가는 게 일상의 장점이기도 하다. 하지만 매일 저녁 식탁에서 배우자가 무슨 말을 하는지 모르겠다면 개인적인 긴급 상황이 선언된 거라 보는 게 좋다.

하지만 평소와는 다를 때가 있다. 어느 날 밤, 배우자가 성난 말투로 "내 얘기를 전혀 안 듣고 있군!" 하며 입을 다물어버린다. 평화로워야 할 식탁에 갑자기 긴장감이 감돈다. 상대를 "모르고 있었다"라는 사실이 드러나고 만다. 잘 알고 있다고 생각했던 상대가 생면부지의 타자로 변모하는 순간이다. 고독의 그림자에 싸인 배우자는 호소한다. "왜 내 이야기를 안 듣는 거야?"

긴급 상황이다. 둘의 관계는 위기에 빠졌다. 심한 말이 오갈지도 모른다. 자기 이야기를 들어주지 않은 데 대한 아픔을 전하려 하면 말이 혹독해진다. 그래도 관계를 유지하고 싶다면 당신은 '듣기'를 다시 작동시켜야 한다. 자기 잘못을 인정하고, 무슨 말을 듣지 않았는지 묻고, 돌아오는 혹독한 말을 들어야 한다.

이처럼 '듣기'는 그 상냥한 어감과는 달리 사실은 어려운 행위다. **'듣기'는 관계가 원만할 때가 아니라 대화가 단절되었거나 관계가 좋지 않을 때 필요해진다.** 이때 당신은 고독하다. 친밀했던 상대와의 일상적인 관계에서 떨어져 나와 혼자 이질적인 타자와 마주해야 하기 때문이다. 그래도 이 바늘로 찌르는 듯한 시간을 버티는 데에는 보상이 주어진다. 아주 미약하기는 하지만 그때 느끼는 고독이 상대 안에 있던 고독을 상상할 수 있게 해주기 때문이다. 말이 아주 먼 곳까지 전달되는 건 이럴 때다. 동독에서 태어난 메르켈 총리는 과거에 이동을 제한당했던 아픔을 언급하면서 사람들이 느끼고 있을 아픔을 언어로 표현했다. 기억하자. 혹독한 아픔에서 만들어지는 언어만이 고독의 심연까지 도달할 수 있다.

정치란 본질적으로 고독이 따르는 일이라고 생각한다. 대립하는 이해관계를 조정하려면 당연히 양쪽에서 '당신은 모른다', '제대로 듣지 않는다'라는 말을 듣게 된다. 그러므로 정치가는 고독에 강해져야 한다. 혹독한 환경에서 혼자 버티고, 먼 곳에 있는 타자의 목소리를 듣는 힘이 필요하다.

그렇다면 수상에게 부족했던 건 고독이 아닐까? 아주 가까운 동료들과 더욱 공고해지기 위해 애쓴 결과, 먼 곳의 타자와 혼자 마주하기가 어려워진 건 아닐까. 머지않아 그 수상은 떠나고 새로운 수상이 탄생한다. 누구를 뽑을지를 둘러싸고 동료 사이에 긴밀한 대화가 오가고 있을 것이다. 안전한 일상이 지속되는 평소라면 그래도 좋을지 모른다. 하지만 지금이 정말로 긴급 상황이라면 엄격한 '듣기'를 재가동해야만 한다. 그러지 않으면 정치와 사람들은 너무나 멀어질 것이다.

갈등의 골이 깊은 사회에 필요한 것은 선언 하나로 사람의 마음을 단일화하는 게 아닐 터. 억지로 계곡을 메꾸려 하지 말고 계곡은 계곡으로 존재를 인정할 것. 그러고 나서 계곡 저편의 목소리를 듣고, 저편 먼 곳까지 소리가 전달되도록 할 것. 뿔뿔이 흩어져 있던 고독 사이에서 그래도 말이 지속해서 오갈 때에만 사회는 가까스로 존속할 수 있다고 생각한다.

〈아사히신문〉 2021년 9월 16일자 조간 '오피니언'

'듣기'가 결핍된 사회

'듣기'를 진지하게 생각해야 한다고 절실하게 느낀 건 앞의 〈아사히신문〉 평론을 쓰던 무렵입니다. 우리 사회에 지금, **가장 결핍된 건 '듣기'**라는 생각이 들었기 때문입니다.

'듣기'가 문제가 되는 건, 전하고 싶은 말이 있는데 상대가 들어주지 않을 때입니다. 아무리 부드럽게 말해도, 논리적으로 쉽게 이야기해도, 혹은 명확한 사실만을 제시해도 상대는 전혀 알아주지 않습니다. 그뿐만 아니라 자세히 설명하면 할수록 상대는 말로 얻어맞는 듯한 감정을 느끼는 것 같습니다. 날카로운 말로 맞으면 피가 흐르고, 부드러운 말로 맞으면 멍이 듭니다. 결국 말은 마음으로 들어갈 수 없습니다.

당신도 이런 경험이 있지 않나요? 예를 들어 부모님이 이런 저런 말을 해도 소음으로만 들리고, 무슨 말을 하는지 도무지 머릿속에 들어오지 않습니다. 혹은 당신이 부모님의 입장을 경험하고 있을지도 모릅니다. "공부해야지, 그래야 미래의 선택지가 넓어지는 거야"라고 바른말을 하고 있는데 자녀는 "잔소리!"라며 역시 소음으로만 치부합니다.

상담에서도 비슷한 상황이 생깁니다. 내담자가 "선생님은 제게 아무 말도 해주지 않아요"라는 불만을 토로할 때가 있습니다. 사실 저는 "당신의 문제는 ○○가 아닐까요?"라든가 "○○해서 힘든 건 아닐까요?"라고 말하면서 이야기를 정리하거나 조언을 하려던 것인데 의도가 전혀 통하지 않습니다. 이럴 때 **문제는 말의 내용이 아닙니다.** 둘의 관계성에 문제가 있는 겁니다. 둘 사이에 불신이 오가고 관계가 비틀어져 있습니다. 그래서 무슨 말을 해도 들리지 않습니다. "왜 제대로 듣지 않죠?"라고 해봤자 관계는 악화할 뿐입니다. 상대가 내 탓만 하는 것 같아 관계는 더욱 어긋나고 말은 전해지지 않습니다.

수상의 말이 전해지지 않는 모습을 보며 이런 일상과 상담 때의 모습이 떠올랐습니다. 당시 올림픽* 개최 문제를 둘러싸고 국민들의 다양한 의견이 나왔습니다. 앞날이 불투명하고 사회 전체가 혼란한 시기라 많은 사람이 불안감을 안고 있었고 '제대로 된 설명'을 원했습니다. 실제로 수상은 이런저런 입장

---

* 2021년 7월 23일부터 8월 8일까지 일본 도쿄에서 개최된 제32회 하계올림픽을 가리킨다. 당초 2020년 7월 24일에서 8월 9일 사이에 개최될 예정이었으나 코로나19가 전 세계적으로 확산하자 개최가 2021년 여름으로 연기되었다. 올림픽 개최 연기 결정으로 경기장 공사 일정, 자원봉사자 및 고용 인력 확보, 시설 유지 비용 등 막대한 비용 부담이 늘어나 일본 사회가 큰 혼란에 빠지기도 했다.

을 내놓고, '1일 100만 회 백신 접종' 등에 관해 많은 설명을 했다고 생각합니다. 그런데 그 말은 정작 국민에게 와닿지 않았습니다. 역시 제 귀에도 전혀 들어오지 않았습니다. 수상도 국민도 서로 '들어주지 않는다'라고 느끼는 악순환이 일어났던 겁니다. 대체 왜 이렇게 된 걸까요?

듣는 건 특별한 게 아니다

반대편에서 생각해보죠. 관계가 틀어졌을 때 말이 제대로 전해지지 않았다면 평소 우리는 나름대로 대화를 잘하고 있었던 겁니다. 즉, 평소의 우리는 그럭저럭 잘 듣고 있습니다. 그런데 "내 말 듣고 있어요?"라는 말을 들으면 불안해집니다.

'아니, 겉으로만 안 들리는 척하는지도 몰라'라고 생각하는 건 아닐까요? 그렇다면 '정말로 듣는다'라는 건 굉장히 높은 수준을 요하는 것처럼 여겨집니다. ('능동적인 듣기聽'의 느낌이 좀 나죠.)

누군가가 '정말로'라고 하면 요주의. 그건 당신의 자신감을 빼앗기 위한 술책인지도 모릅니다. 실제로 '듣기'의 기술을 다룬 책들은 '정말로 잘 듣고 있나요?'라며 위협하는 경향이 있습니다. 그뿐만 아니라 듣기의 달인이 마법과 같은 테크닉을 가르쳐드립니다, 그러면 인간관계가 기적처럼 개선됩니다, 라고 선전합니다. 이건 '듣기'의 측면에서 건강하지 않은 메시지라고 생각합니다. 왜냐하면 듣기란 실제로는 마법 같은 기술이 아니라, 평범한 일상생활에서 평범하게 주고받는 행위이기 때문입니다. 예를 들어 "우체국에 다녀올게"라고 하면 "잘 다녀와"라고 응답합니다. "좀 피곤하네"라고 하면 "일찌감치 자, 내가 설거지할게"라고 응답합니다. 이럴 때 듣기는 순조롭게 진행됩니다.

평소의 '듣기'는 장벽이 낮습니다. 우리는 '듣기'를 나름대로 잘 해내고 있기 때문에 하루하루를 어려움 없이 영위해나가고 있습니다. 숨 쉬는 것과 비슷하죠. 평소에는 자연스럽게 하고 있으므로 의식하지 않지만 막상 물에 빠졌을 때는 어떻게 숨을 마셔야 할지 모르고, 과호흡이 되면 어떻게 숨을 내뱉어야 할지 몰라 난감합니다. 마찬가지로 우리는 일상에서 오간 말들을 일일이 기억하지 못하고, 상대 역시 "잘 들어줘서 고마워"라며 일일이 고마워하지 않습니다. 그래도 일상의 듣기는 나름대로 잘 굴러가고 있습니다. 듣기가 제대로 이루어진 건 우리가 더 열심히 들으려고 노력했기 때문이 아닙니다. 그건 숨 쉬는 것과 마찬가지로 자연스러운 생활의 일부입니다. **인간은 인간과 더불어 생활하는 동물이기 때문입니다.**

'대상으로서의 엄마'와 '환경으로서의 엄마'

이 문제에서는 정신분석가이자 소아과의사였던 위니코트 Donald W. Winnicott (1896~1971)의 아이디어가 도움이 됩니다. 소아과의사는 아이와 부모(시대가 시대인 만큼 위니코트는 '엄마'라는 단어를 사용했지만 양육자라고 생각하면 좋겠습니다)를 동시에 진료합니다. 아이가 "나는 우울증이에요"라고 말하며 의료보험증을 가지고 혼자 병원을 찾는 일은 없습니다. 반드시 엄마가 데리고 가지요. 그러므로 위니코트는 아이뿐 아니라 진찰실에서 벌어지는 아이와 엄마의 상호작용을 면밀히 관찰하면서 아이가 가진 마음의 병을 진단한다든가 치료 방법에 대해 생각했습니다. 이런 그의 아이디어에서 재미있는 건 '대상으로서의 엄마'와 '환경으로서의 엄마'를 구별하는 것입니다. '대상으로서의 엄마'라는 것은 예를 들어 당신이 지금, 마음속으로 떠올리고 있는 엄마의 모습입니다. 당신의 기억 속에는 엄마는 이런 사람이라거나, 이런저런 추억 등 한 사람으로서 엄마의 모습이 남아 있을 것입니다. 한 사람으로서 엄마를 떠올릴 때 당신은 '대상으로서의 엄마'를 의식하고 있습니다.

이에 반해 '환경으로서의 엄마'는 당신에게 느껴지지 않고, 당신이 의식하지 못하는 엄마를 말합니다. '환경으로서의 엄마'는 보이지 않습니다. 이상한 말처럼 들릴지도 모르겠으나 이상한 이야기가 아닙니다.

예를 들면 어렸을 적, 서랍장을 열면 단정하게 접힌 티셔츠가 들어 있었습니다. 사실은 엄마가 빨래하고, 말리고, 개켰기 때문에 거기에 있는 건데 당신은 그런 것까지 일일이 생각하지 않았을 겁니다. 아무 생각 없이 티셔츠를 꺼내 입고 학교에 갔을 레지요. 그런데 매일 아침 '오늘도 엄마가 빨래를 해주셨네. 정말로 감사해', '주름 하나 없네, 감사해'라고 생각하는 아이가 있다면 부모 자식 관계에 상당히 심각한 일이 일어나고 있는 건 아닌지 염려스럽습니다.

당신이 머리맡에 전등을 켜고 이 책을 읽고 있는데, 읽을 때마다 '오늘도 전기가 무사히 들어오고 있다니. 고마운 일이야'라고 생각하지 않는 것도 마찬가지입니다. 이때 전력회사는

'환경으로서의 엄마'입니다. 전기가 들어오는 건 당연한 일이고 감사받을 일도 아닙니다. 발전소에 감사함을 느끼는 것은 전력 사정에 심각한 장애가 일어났을 때뿐입니다.

'환경으로서의 엄마'는 평소에는 느껴지지 않습니다. **실수를 했을 때만 느껴집니다.** 그럴 때 '환경으로서의 엄마'는 '대상으로서의 엄마'로 모습을 나타냅니다. 서랍장에 티셔츠가 없을 때, "응? 엄마가 웬일이지?" 하거나 정전이 됐을 때 "발전소에 무슨 일이 생겼나?" 하고 우리는 인터넷을 검색합니다.

제대로 작동할 때는 존재가 잊히고, 제대로 작동하지 않을 때만 존재가 떠오릅니다. 거꾸로 말하면 이런 혜택과 돌봄은 감사한 마음도 잊을 정도로 자연스럽게 흘러갈 때 제대로 이루어지고 있는 겁니다. 말하고 보니, 돌봄을 담당하는 엄마라는 역할은 손해인 것 같군요.

적당히 좋은 엄마

위니코트는 '적당히 좋은 엄마 good enough mother'가 좋은 육아를 할 수 있다고 말했습니다. 완벽히 좋은 perfectly good이 아니고,

적당히 좋은good enough 엄마죠. 완벽한 엄마는 모든 걸 완벽하게 제어하는 '환경으로서의 엄마'를 말합니다. 그런 엄마는 실수하지 않습니다. 아기가 배고파하기 전에 재빨리 먹이고, 엉덩이가 축축하고 간질간질해지기 전에 후딱 기저귀를 갈아줍니다. 완벽한 엄마는 아기를 불쾌한 상태로 내버려두지 않습니다. 그러므로 아기는 아무것도 하지 않아도 기분 좋은 시간이 계속되어 자신이 전능하다는 느낌에 젖어 있을 수 있습니다. 그러면 엄마가 그렇게 돌봐주고 있다는 사실을 깨닫지 못합니다. 위니코트는 이를 바람직하지 않다고 생각했습니다. 완벽한 육아를 하면 아기는 언제까지고 엄마가 돌봐주고 있다는 사실을 깨닫지 못하고 아기인 상태에 머물기 때문입니다. 애니메이션 영화 〈센과 치히로의 행방불명千と千尋の神隠し〉(미야자키 하야오 감독, 2001)에는 '보'라는 거대한 아기가 등장합니다. 보는 완벽한 엄마에게서 자란 아기의 모습 그 자체입니다. 울면 뭐든 다 해주기 때문에 언제까지고 아기의 모습으로 남아 있게 됩니다.

아이가 어른이 될 수 있는 건 '환경으로서의 엄마'가 때때로 실수를 하기 때문입니다. 아이는 그럴 때 '대상으로서의 엄마'를 의식합니다. 만능인 줄 알았던 엄마에 대해 새로운 눈이 뜨이는 거죠. 나는 다른 사람이 나를 위해 뭔가를 해준 덕분에 편안하고 즐겁게 지낼 수 있었다는 사실을 깨닫습니다. 이때 성장의 싹이 트기 시작합니다. 단, '적당히 좋은'이 중요합니다. 엄마가 실수만 거듭한다면 아기는 최악의 경우 죽음에 이르고 말겠지요. '적당함'이라는 건 대체적으로는 잘하고 있지만 가끔 실수하는 거고 실수하면 실수를 깨닫고 만회하려 노력해야 합니다. 이 비율이 절묘해야 '적당히 좋은'입니다.

다시 돌볼 수 있어야 한다는 점을 잊지 마세요. 서둘러 아기를 먹이고 기저귀를 갈아줍니다. 그러면 '환경으로서의 엄마'가 회복되고 아기는 다시 돌봄을 받고 있다는 사실을 잊게 됩니다. '환경으로서의 엄마'와 '대상으로서의 엄마'를 오가는 게 중요합니다. 그 과정에서 아이는 점차 '아, 엄마한테도 한계가 있구나' 하고 깨닫고, 그 안에서 엄마를 향한 감사가 생겨나며 어른이 되어갑니다.

'대상으로서의 듣기'와 '환경으로서의 듣기'

앞에서 길게 위니코트에 관해 이야기한 이유는 평소의 '듣기'가 이 '환경으로서의 엄마'와 매우 닮았기 때문입니다. '듣기'는 일상에서는 적당히 잘 이루어집니다. 우리는 나름대로 상대의 말을 들어줄 줄 압니다. 그러므로 평소에는 누가 내 이야기를 들어준다고 해서 고맙지도 않고, 자신도 상대의 말을 잘 들어주고 있다는 사실 역시 느끼지 못합니다. 이때는 '환경으로서의 듣기'가 제 기능을 하고 있습니다. 누군가가 "정말로 잘 듣고 있습니까?"라고 물어도 위축되어서는 안 됩니다. 대부분은 잘 듣고 있으니까요. 자신에게 과하게 엄격해도 나아지는 건 없습니다. 신경이 날카로워져 오히려 더 잘 들을 수 없게 되거든요. 그러므로 자신을 가지세요.

다만 때때로 '듣기'에 실패하는 것도 사실입니다. 내 일만으로도 벅차 상대까지 생각할 여유가 없을 수도 있고, 상대의 호의에 지나치게 기대는 때도 있습니다. 그럴 때 "내 말을 전혀 들어주지 않아"라면서 언성이 높아집니다. 자기 말을 하나도 이해하지 못했다며 화를 낼지도 모릅니다. 정신을 집중해야 합니다. 일상은 무너지고, 긴급 상황이 벌어지려 합니다. 관계가 뒤틀리기 시작하고 있습니다. 우리는 초심으로 돌아가 '듣기'에 임해야 합니다.

정치도 마찬가지죠. 내가 정치의 필요에 대해 잊고 있다면 성

공입니다. 모두 정치 따위는 생각하지 않아도 될 때 정치는 제대로 기능하고 있습니다. 정치가 의식된다면 그건 실패입니다. 일상이 제대로 돌아가지 않고, 긴급 상황에 빠졌을 때, '수상은 뭘 하고 있는 건가'라고 그 존재를 떠올리게 되는 겁니다. "내 이야기를 제대로 들어달라"라는 목소리가 터져나옵니다.

결핍이란

그렇다면 결핍이란 무엇일까요? 앞에서 예로 든 경우라면 서랍장에 티셔츠가 들어 있지 않을 때, 집에 전기가 들어오지 않을 때입니다. 즉, 당연히 있어야 할 게 '없을' 때 우리는 뭔가가 잘못됐다는 걸 깨닫습니다.

결핍, 바로 이게 문제입니다. 결핍이 즉각 만회되는 경우도 있습니다. 허겁지겁 세탁기에서 티셔츠를 꺼내 다림질을 해서 서랍장에 넣어도 되고, 정전은 대부분 전력회사의 조치로 금세 회복됩니다. 준비가 되어 있고 여유가 있다면 잘못은 곧 바로 잡을 수 있습니다.

그러므로 '적당히 좋은 엄마'라든가 '적당히 좋은 전력회사'

라든가 '적당히 좋은 정치'가 제 기능을 할 때 '듣기'는 별로 문제가 되지 않습니다. 잘못을 사과하고 바로 원상 복구하면 이야기는 끝납니다. 잘못은 잊혀갑니다.

하지만 도저히 결핍을 메꿀 수 없을 때도 있습니다. 다림질할 시간이 없을 때도 있고, 전력회사의 시스템 오류로 정전이 한동안 지속될 수밖에 없을 때도 있을 겁니다. 잘못을 바로 만회하지 못하고, 결핍을 메꿀 방법이 없을 때가 있는 겁니다.

도쿄올림픽이 그랬습니다. 한때 안전이 보장되지 않고 결핍 상태였습니다. 위험을 최소화하기 위한 노력은 있었겠지만 제로가 될 수는 없습니다. 사람들이 요구하는 수준의 안심은 얻을 수 없습니다. 이런 상황에서 수상의 말은 와닿지 않았습니다. 아무리 안전하다, 안심하라고 말해도 결핍을 감출 수는 없기 때문입니다. 아무리 잘 메꿔도 결핍은 존재하기 때문에 말로 사람들의 불안이나 아픔을 해소할 수는 없습니다. 아무리 자세히 설명해도 그 말은 결국 상대의 불안을 무시하고 아픔을 줄 수밖에 없었습니다. 진지하게 '듣기'에 임해야 하는 건 그럴 때입니다.

아픔을 듣다

　결핍을 단기적으로 해결할 방법은 없습니다. 어떻게 해도 상대에게 아픔을 줄 수밖에 없습니다. 그렇게 되면 당연히 불신이 생기고, 관계는 틀어져갑니다. **남은 방법은 '듣기'밖에 없습니다.** 해결할 수 없는 문제 앞에서 대립이 발생합니다. 그때 할 수 있는 건 상대가 불신하게 된 마음에 귀를 기울이고 내가 뭘 잘 못했는지, 상대가 어떤 아픔에 괴로워하고 있는지를 듣는 것뿐입니다.

　'사회계평'에서는 코로나 위기 상황에서 마음에 와닿은 말의 예로 메르켈 전 독일 총리의 연설을 언급했습니다. 그 연설에는 분명 듣는 이의 마음을 울리는 것이 있습니다. 아마 독일 국민의 아픔을 거듭 언급했기 때문일 겁니다. 행동을 제한하여 국민에게 아픔을 준 데 대해 "걱정할 필요 없습니다"라고 말하지 않고, "저는 여러분이 아파할 일을 할 수밖에 없습니다"라고 말했습니다. 아픔은 있다. 그리고 전부는 아니더라도 그 아픔의 일부는 내가 준 것이다. 이런 괴로운 사실을 직접적으로 말했습니다. 메르켈의 연설이 국민들 마음에 와닿은 건 그녀에게 국민의 아픔이 들렸기 때문일 겁니다. 앞으로 국민의 생활은 어떤 어려움에 부닥칠까. 메르켈은 콘서트에 갈 수 없는 고통까지 헤아리며 이 말을 한 겁니다. **마음이 아픈 진짜 이유는 이 세상에 자신을 알아주는 사람이 없기 때문입니다.** 그러니 눈앞에 어찌할 수 없는 결핍이 있더라도 누군가가 그 고통을 들어주고 알아준다면 사람은 잠시 그 고통을 견딜 수 있습니다.

의료인류학자이자 의사인 아서 클라인먼Arthur Kleinman은 이와 비슷한 사례를 이야기했습니다. 그가 아직 수련의였을 때 온몸에 화상을 입은 일곱 살짜리 여자아이가 병원에 실려 왔습니다. 치료에는 극심한 고통이 뒤따랐습니다. 욕조의 물에 몸을 담그고 화상으로 짓무른 살갗을 벗겨내야 했습니다. 클라인먼은 절망했습니다. 외면하고 싶은 상황이었지만 고통을 덜어줄 방법이 아무것도 없었기 때문입니다. 그때 클라인먼은 순간적으로 아이의 손을 잡고 "네가 어떻게 고통을 참고 있는지 말해줄래?" 하고 물었습니다. 그러자 아이는 솔직하게 자기 고통과 절망을 이야기하기 시작했습니다. 놀랍게도 그저 '누가 내 이야기를 들어준 것'만으로 소녀는 전보다 훨씬 더 고통을 잘 견딜 수 있게 되었습니다. '듣기'가 고통이 지나가게 하는 데 도움이 되었다는 뜻입니다. 이때부터 클라인먼은 의료에서 듣기가 가진 힘을 배워가기 시작했습니다.

다시 말합니다. 인간에게 가장 큰 아픔은 무엇보다 고독입니다. 이야기를 들어주는 행위에는 현실을 바꾸는 힘은 없더라도 고독의 아픔을 어루만져주는 깊은 힘이 있습니다.

'듣기'의 어려움

하지만 '듣기'가 그리 간단한 게 아니라는 것 또한 사실입니다. 이 점에서 클라인먼보다 메르켈이 더 어려운 도전을 했다고 할 수 있겠죠. 클라인먼은 어디까지나 제삼자이고 치료자의 입장이지만 메르켈은 국민에게 고통을 안긴 당사자이기 때문입니다. 메르켈은 원망을 들을 수 있는 입장이었습니다. 타인의 직장에서 일어난 고약한 이야기를 듣는 건 쉽습니다. 그런 경우에서야말로 듣는 기술을 활용하면 그 사람은 당신에게 이런저런 이야기를 들려줄 겁니다. 당신이 제삼자일 때 '듣기'는 제대로 작동하기 쉽습니다. 하지만 당신 직장에서 당신 때문에 큰 어려움을 맞닥뜨린 후배 직원의 이야기를 듣는 일은 힘듭니다. 혹은 가정 안에서 나쁜 관계에 있는 배우자나 식구의 이야기를 듣는 건 너무나 어려운 일입니다. 당신은 문제의 당사자이고, 당사자끼리 관계가 악화해 있습니다. 그때, 거기에는 고독이 하나가 아니라 두 개 있는 거죠. **듣는 쪽도 말하는 쪽도 고독합니다.**

그럴 때 오가는 말은 난폭해지고, 때론 말로 표현할 수 없는 마음이 행동으로 나타납니다. 문은 쾅 소리를 내며 닫히고, 그릇은 내동댕이쳐져 쨍그랑 깨지고 맙니다. 그러면 우리는 차분하게 이야기를 들을 수 없게 됩니다. '왜 이야기를 들어주지 않는 거야?' 싶은 마음에 지독히 비참한 기분이 되기 때문입니다. '어차피 말해도 모르니까'라는 생각이 들어 대화 도중에 입을 다물거나 심하게 불쾌한 말을 하기도 합니다. 상대에게 상처를 되돌려주는 겁니다. 관계는 점점 악화해갑니다. 평소에는 원활히 돌고 돌던 '듣기'가 이제는 악순환을 시작했습니다. 서로 '상대가 내 말을 들어주지 않는다'라는 느낌을 받고 상처가 증폭하지요. '듣는 기술'은 활용할 수 없습니다. 고독이 점점 더 부풀어올라 기술을 활용할 여유가 없어졌습니다. 서로의 고독을 증폭시켜갑니다. 어쩌면 좋을까요?

수상에게 친구를

저는 앞에서 소개한 '사회계평' 기고 글 마지막 부분에서 수상에 대해 이렇게 썼습니다. '아주 가까운 동료들과 더욱 공고해지기 위해 애쓴 결과, 먼 곳의 타자와 혼자 마주하기가 어려워진 건 아닐까.' 마침 당시가 자민당 총재 선출 전이어서 같은 파벌이나 측근의 이야기만 들을 게 아니라 국민의 목소리를 들어야 한다, 라는 의미로 전한 메시지였죠. '듣는다는 것'은 어려운 일일지도 모르지만 더 열심히 노력해달라는 겁니다. 하지만 사실 이렇게 말한 걸 저는 약간 후회했습니다. 신문에 실리는 글이니까 제 생각을 호기롭게 쓰기는 했지만 저는 수상이 어떤 인간관계를 맺고 있는지 전혀 알지 못합니다. 무엇보다 상담심리사로서 평소에는 내담자에게 "열심히 노력하라" 같은 말을 거의 하지 않는데 수상에게는 왜 그렇게 말한 걸까요? 열심히 노력하라는 말을 듣고 그대로 할 수 있다면 고생스럽지 않겠지요. 모두 마음속으로는 열심히 노력해야 한다고 생각하며 살고 있고, 엄청나게 열심히 노력하고 있습니다. 이건 사실입니다. 주변을 보면 게으름을 피운다고 생각하던 사람이 마음속으로 얼마나 초조해하고 절박해하는지. 그런데도 잘 풀리지 않으니 어쩔 줄 몰라 하고 있는 건데, 그런 사람에게 "열심히 노력해"라고 말하는 건 소용이 없습니다. 괜스레 더 궁지로 몰아넣을 뿐입니다. 실제로 제가 글을 쓴 직후, 수상은 총재 선거 출마를 포기했습니다. 이야기를 듣기 위해서는 고독을 견뎌야 합니다. 수상은 동료와 공고하게 연대를 맺고 있던 게 아니라 실은 고독했을지도 모릅니다. 그렇다면 저는 이미 고독한 사람에게 더 고독해지는 게 좋겠다고 한 것인지도 모릅니다. (음, 수상의 개인적인 부분이나 심정은 잘 모르지만요.)

이야기를 듣기 위해서는 고독을 이겨내야 합니다. 긴급 상황에서는 '듣기'가 잘 되지 않습니다. 그럴 때 우리는 오해를 사거나 나를 몰라주는 상대 때문에 고독해집니다. 그 고독을 견뎌내지 못하면 이야기를 계속해서 들어줄 수가 없습니다. 귀를 닫고 상대에게서 멀어지고 싶어집니다. 하지만 연결 끈이 없어도 괜찮은, 강인한 정신으로 단련하는 건 고독을 이기는 방법이 아닙니다.

누군가가 그 고독에 대해 알아주어야 합니다. **우리는 혼자서는 고독을 이길 수 없습니다. 누군가가 옆에 있어주어야 합니다.** 고립과 고독은 차이가 있는데, 자세한 건 다음 장에서 이야기하겠지만 중요한 건 철저히 혼자일 때의 고독은 마음을 병들

게 하고 약하게 할 뿐이며, 결코 이야기를 들을 힘을 주지 않는다는 겁니다.

자녀와의 관계로 고민하는 부모에게 "아이의 이야기를 좀 더 들어줘"라고 조언해도 그 부모는 자신을 탓하는 말로만 들을 뿐, 아이의 이야기를 들을 여유는 점점 더 사라지고 맙니다. 이때 필요한 건 그 부모의 이야기를 듣는 일입니다. 왜 아이의 이야기를 들을 수 없게 되었는지, 부모로서 얼마나 억압을 받고 있었는지를 누군가가 듣기 시작할 때 비로소 부모는 아이의 이야기를 들을 마음이 생기기 시작합니다. 다른 이의 이야기를 듣기 위해서는 누군가가 내 이야기를 들어주어야 합니다. 고독한 도전을 하기 위해서는 뒤에서 받쳐주는 지원군이 필요한 거죠.

그러므로 수상이든 대통령이든 장관이든 역시 친구가 있는 게 좋습니다. 자기편에게 편의를 봐주는 건 곤란하지만 권력을 갖는다는 건 고독을 이겨내야 하는 것이므로 뒤에서 속마음을 들어주고 알아주는 사람이 있어야 합니다. 그렇게 나를 알아주는 사람이 있을 때 비로소 필요할 땐 아군에게도 엄격하게 대할 수 있습니다. **아무도 나를 알아주지 않는다면 아군편만 들고 타인에게 엄격해지는 게 인지상정이겠지요.**

듣기는 순환한다

정리해봅시다. '듣기'는 평소에 순환합니다. 하지만 결핍으로 그 순환이 파괴되고 맙니다. 이럴 때 고독이 발생하고 관계가 악화합니다. 다시 '듣기의 기술'이 필요해지는 순간이죠. 결핍은 바꿀 수 없더라도 거기에 있는 고독과 마주할 수는 있습니다. 나 때문에 고통받고 있다는 걸, 듣습니다. 이게 바로 관계가 점차 악화할 때 가장 필요한 일입니다. '듣기'는 **"미안해요, 내가 잘 몰랐어요"**라고 말하기 위해 존재하는 거라고 생각합니다.

지금 '듣기'의 필요성이 이렇게나 강조되고 있는 건 아마 사회가 만성적 결핍 상태이기 때문일 겁니다. '잃어버린 30년'이란 말을 하는 것처럼 유감스럽게도 우리 사회는 제대로 굴러가지 못하고 있습니다. 저출산, 고령화, 다양한 격차 등 풀어나가야 할 과제는 산적해 있고, 많은 사람이 불안을 안고 살아갑니다. 사회는 이런 문제를 단기적으로 해결할 수도 없습니다. 어떤 문제를 해결하려 하면 다른 문제가 발생하고 있는 데서 알 수 있듯, 자원이 압도적으로 부족하기 때문에 모든 사람의 고통을 해소해주는 건 불가능합니다.

여유 없는 사회가 그래도 사회의 모습을 유지하려면 '듣기'가 반드시 필요합니다. 하지만 여유가 없기 때문에 '듣기'가 제 기능을 하지 못하게 되는 거죠. 이게 우리가 놓인 상황입니다. 핵심은 고독입니다. 고독이야말로 누군가가 들어주어야 하는데, 고독을 들으려고 하면 듣는 사람도 고독해집니다. 고독해지면 다시 듣지 못하게 되고요. 그래서 '듣기'의 핵심에 고독의 문제가 있다고 말하는 겁니다. 그러므로 내 이야기를 들려주는 것부터 시작합시다. 이야기를 들려주는 게 바로 처방전입니다. 그리고 이 처방전이 효과를 보려면 병의 원인인 고독에 대해 깊이 알아야겠지요.

2장

고립에서 고독으로

연쇄반응하는 고독

지난달, 내각관방*에 '고독·고립 대책 담당실'이 설치되었다. 영국의 '고독 담당 장관'과 거의 같은 역할을 하는 곳이다. 아무도 믿을 수 없게 된 장관이 얼음으로 뒤덮인 집무실에서 슬픈 표정으로 손에 도장을 들고 있다. 나도 모르게 이런 공상 과학 같은 풍경을 상상하고 말지만 이건 엄연한 정책이다. 이런 정책이 신설된 배경은 희박해진 유대 관계 때문이다. 우리는 같은 아파트에 살고 있으면서도 서로를 모르고, 오히려 별로 알고 싶어 하지도 않는다. 억지로 누군가와 알게 되는 게 귀찮다. 건강할 때는 그래도 괜찮을지 모르겠다. 자유롭고 편하다. 하지만 돌봄이 필요한 고령자나 어린이, 장애인, 기초생활수급

---

* 일본 정부 내각의 사무처로 총리를 보좌하고 지원하는 행정기관이다. 주로 내각의 서무, 주요 정책의 기획·입안·조정, 정보의 수집 등을 담당한다.

자는 고립된다. 이렇게 교류가 사라지고 고독해지면 자살이나 우울증을 비롯한 몸과 마음의 온갖 문제가 발생한다. 그래서 국가가 본격적으로 대책을 마련하기 시작한 것이 영국의 고독 담당 장관이며 일본도 그 뒤를 따랐다.

　이런 이야기에 위화감을 느끼는 사람이 있을지도 모르겠다. 고독은 좋은 게 아니냐고 생각할 수도 있다. 사실 소설가이자 수필가 이츠키 히로유키五木寬之의 저서 《고독을 권함孤独のすすめ》을 비롯해 고독의 풍요로움을 역설하는 책은 적지 않다. 번거로운 인간관계에서 벗어나 자신과 마주하면 나를 연마할 수 있고 성숙해질 수 있다는 측면에서 생각하면 정부가 고독이라는 내면적이고 개인적인 문제에 개입하는 데에는 의문이 들 것이다. 그런데 여기에는 오해가 있다. 분명 '풍요로운 고독'도 존재하지만 그건 마음속에 안전한 나만의 방이 있을 때 가능하다. 나만의 방에 틀어박혀 있으면 혼자 평화롭게 있을 수 있지만 **이런 고독을 가질 수 있는 사람은 행운이다.** 하지만 고독한 수상이 대책을 마련한 고독은 이런 고독과 다르다.

　예를 들어 등교를 거부하는 아이, 방에 틀어박혀 은둔하는 청년, 고립된 한부모 가정의 부모, 늙은 노숙자. 그들은 외부에서 보면 혼자다. 하지만 그들은 마음속에서 폭력적인 목소리에 위협받고 있다. '너는 민폐야', '가치가 없어', '기분 나빠'. 그들 마음의 방에는 폭력적인 타자가 살고 있다. 바로 이 '폭력적인 고독'이 문제다.

왜 마음에 폭력적인 타자가 사는 걸까? 그건 과거에 폭력을 당했기 때문이다. 학대나 가정 내 폭력이 있었을지도 모르고, 학교나 직장에서 따돌림이나 괴롭힘을 당했을 수도 있다. 그런 피해 경험이 그들의 마음에 폭력적인 타자를 남긴다. 아니, 이렇게 폭력임을 바로 알 수 있는 폭력만이 문제가 아니다. 사회에는 은밀한 폭력이 넘쳐난다. 예를 들어 어떤 사람이 실직해서 헬로 워크* 창구에 줄을 설 때, '너는 민폐야!'라는 목소리가 들린다. 누군가가 직접적으로 말한 게 아니다. 그건 실패했을 때 자기책임을 묻는 우리 사회의 목소리다. 희박해진 유대 관계란 무슨 일이 생기면 폭력적으로 내팽개쳐지는 관계에 불과하다. 이는 마음에 폭력적인 타자를 남긴다. '너는 민폐야!' 실직한 아버지의 마음에 폭력적인 목소리가 울린다. 그 목소리를

* 일본의 고용노동부에서 운영하는 프로그램으로 국민에게 안정된 고용 기회를 제공하기 위해 만들어졌다. 구직자에게 취직 상담 및 지도, 고용 보험 수급 절차를 주선하고, 고용주에게는 보조금 신청과 구인 지원 등의 서비스를 제공한다.

떨궈버리고자 아버지는 술을 마시고 가족에게 폭력을 휘두른다. 그러면 그 자식은 타자를 거부하게 되고, 반에서 고립된다. 고립은 연쇄반응한다. 그러므로 고립은 사회적 과제다. 상대를 감싸 안지 못하는 경쟁적인 사회는 사람들의 마음에 고독을 불러온다. 그 고독이 연쇄반응해 점차 그 사회를 파괴해간다.

유대 관계를 재건해야만 한다. 그러기 위해서 많은 사람이 있을 곳과 상담 창구를 정비하고 고독한 사람들과 관계를 맺으려 하고 있다. '고독·고립 대책 담당실' 설치도 그런 시도다. 하지만 쉬운 일은 아니다. 고독은 단지 유대 관계를 제공한다고 해서 해결되지 않는다. 고독이 최고조에 달해 있을 때, 사람은 누군가가 내민 손을 거절하고 자신을 스스로 파괴하고 만다. 마음속의 폭력적인 타자 때문에 그 관계가 안전하다고 생각할 수 없기 때문이다. 힘든 일이다. 우선 그들의 두려움을 이해하고 유대 관계를 맺기 위해 끈기를 가지고 노력하고 또 노력할 수밖에 없다. 마음에 안전한 자기만의 방을 재건하기 위해서는 길고 긴 시간이 필요하다.

다만, 이때 지원자는 고독해진다. 자기가 내민 손을 폭력적으로 거절당하는 일이 거듭되면 '내가 민폐를 끼치고 있는 건 아닐까' 하는 생각을 하게 된다. 손은 얼음에 닿으면 언다. **고**

독에 개입하려 하는 사람은 고독해진다. 그러므로 고독 대책은 고독한 사람에 대한 지원뿐 아니라 다른 사람의 고독에 개입해 지원하는 사람도 지원해야 한다. 엄마든 아빠든 혼자서는 양육이 어려운 것과 마찬가지다. 인간을 상대하기 위해서는 그 이면에서 무수히 많은 유대 관계가 필요하다.

이처럼 고독은 연쇄반응을 한다. 하지만 우리는 인간관계에 연쇄반응을 일으킬 수도 있다. 그런 의미에서 정부 내에 고독을 위한 작은 공간이 마련된 것은 잘된 일이라고 생각한다. 고독은 사회 전체의 지원을 바탕으로 임해야 할 문제다. 그러므로 고독에 대처하기 위해 고독해진 장관이 얼음으로 뒤덮인 집무실 안에 틀어박히는 일이 없도록 우리는 이 문제에 지속적인 관심을 둬야 한다. 고독한 사람을 지원하는 일, 고독한 사람을 돕는 사람을 지원하는 일, 그렇게 지원하는 사람을 지원하는 사람을 지원하는 일. 무한히 이어지는 이 연쇄반응이야말로 관계의 재건이라고 생각한다.

〈아사히신문〉 2021년 3월 18일자 조간 '오피니언'

고독과 고립의 차이

앞의 '사회계평'에서는 언급하지 않았지만 '듣기'에서 가장 중요한 건 고독과 고립의 차이를 구분하는 겁니다. 이름도 매우 비슷하고 같은 상황을 가리키는 것처럼 보이지만 사실은 전혀 다릅니다. 예를 들어 "주말에는 고독한 시간을 갖는다"라고 하면 나무로 둘러싸인 숲속 온천호텔에서 혼자만의 시간을 갖고 자신에 대해 이런저런 생각을 하는 느낌이 들면서 왠지 풍요로운 분위기가 감돕니다.

하지만 "주말에는 고립된다"라고 하면 가정에 뭔가 문제가 있는 듯한 심각한 분위기가 느껴집니다. **'고독에는 안정감이, 고립에는 불안감이 있다.'** 저는 이렇게 구분하고 있습니다. 외부에서 보면 둘 다 비슷합니다. 고독도 고립도 외톨이처럼 혼자 있는 상태입니다. 하지만 당사자가 내부에서 바라보는 마음의 세계는 다릅니다. 고독의 경우는 마음의 세계에서도 혼자입니다. 마음은 자물쇠가 걸린 자기만의 방에 있고, 외부의 침입자를 두려워하지 않아도 됩니다. 그러므로 외롭기도 하지만 동시에 방해받지 않고 자신을 돌아볼 수 있습니다. 반면 고립의 경우, 마음은 합숙소에 있습니다. 거기에는 싫은 사람, 무서운 사람, 나쁜 사람이 수시로 들락거립니다. 그러므로 외부에서 보기에는 혼자이지만 그는 '그 사람은 나를 무시해', '그 사람은 나를 싫어해', '나 같은 건 없어지는 편이 나아'와 같은 목소리에 위협받고 있습니다.

고립되면 우리는

고립되어 있을 때 우리는 '난 외톨이다'라든가 '외롭다'라는 생각은 하지 않습니다. '모두 날 무시해', '난 틀렸어', '죽는 편이 나아' 등 마음속은 자신을 탓하는 목소리로 소용돌이칩니다. 거기에는 상상의 나쁜 타자가 존재합니다. 상담하다 보면 알 수 있는데 내담자가 "외로워요"라고 말을 꺼내는 순간은 그런 나쁜 타자들이 홀연히 사라지고 조용해졌을 때입니다. 마음속을 어지럽히는 목소리가 사라지고 홀로 있는 자신을 발견하게 되면 **'아아, 나는 외로웠구나'** 하는 생각이 드는 거지요. 이게 고독입니다. 그러므로 '외롭다'라고 말할 수 있게 될 때 고립은 고독으로 변해 있습니다. 치료는 진전되고 마음은 한 걸음 내딛게 됩니다.

다시 말해 마음의 세계에 나쁜 타자가 바글거리고 있는가, 아니면 홀로 서 있는가, 이게 고립과 고독의 차이입니다. 따라서 앞 장에서 말한 '고독'에는 이 두 의미가 혼재해 있다고 할 수 있습니다. 정리하면 다음과 같습니다. **고립되어 있을 때는 이야기가 들리지 않지만, 고독해지면 이야기를 들을 힘이 회복됩니다.**

고독의 전제는 안정

중요한 점은 마음속으로 혼자 있으려면 밖의 현실에서 충분히 보호받아야 한다는 것입니다. 예를 들면 안정된 일이 있고, 마음을 터놓을 수 있는 친구가 있고, 돈이 있고, 한동안 편히 쉴 집이 있어야 합니다. 이렇게 현실적인 뒷받침이 마련돼 있고, 마음이 위협받지 않을 때 우리는 마음속 자기만의 방을 가질 수 있습니다.

앞 장에서도 등장한 위니코트는 이를 '혼자 있을 수 있는 능력'이라고 부릅니다. 그러니까 전철 안에서 혼자 책을 읽고 있는 것 같은 느낌입니다. 현실적으로는 주변에 사람이 있지만 그래도 혼자 있을 수 있습니다. 하지만 이는 주변에서 내게 위해를 가하지 않을 거라는 걸 알기 때문에 가능합니다. 만약 주변이 칼을 쥔 승객들로 가득하다면 아무리 특실을 탔다고 해도 여유롭게 책을 읽을 수는 없겠지요. 고독의 전제는 안정된 현실입니다. 거꾸로 말하면 현실이 불안정하고 힘들 때, 사람은 고립으로 내몰리기 쉽습니다.

돈이 없거나 일이 없거나 비록 이런 것들이 있어도 생활이 불안정할 때, 주변과 유대 관계가 돈독하다 해도 마음속에서는 나쁜 타자가 득실대기 쉽습니다. 고립의 문제가 마음의 문제이면서 동시에 정치나 경제 문제이기도 한 것은 이런 이유 때문입니다. 마음과 사회는 긴밀히 얽혀 있습니다.

자기만의 방이 지닌 힘

노숙자 지원 분야에서 최근 '하우징 퍼스트Housing First'*라는

---

* 알코올 중독이나 정신장애 등으로 주거 마련이나 주거생활 유지가 어려운 취약 노숙인을 대상으로 별도의 준비 과정 없이 곧바로 주거를 제공한다는 점에서 과거 단계적 주거지원 방식을 획기적으로 전환한 정책이다.

개념이 확산되고 있습니다. 일반적인 노숙자 지원 절차는 우선 기숙사나 시설 같은 곳에 입소하고, 그다음 일을 찾고, 그 일을 일정 기간 지속할 수 있으면 스스로 거처를 마련해 자립하는 게 아닐까 생각합니다. 차츰차츰 단계를 높여가는 그림입니다.

그러나 하우징 퍼스트는 이름처럼 살 집을 먼저 확보하는 것부터 시작합니다. 우선 집을 제공하고 그다음에 일을 합니다. 아니, 일하지 않아도 좋습니다. 자신이 살 집을 소유하는 건 인권의 문제라고 생각하고 일단 집부터 시작합니다. 이때 집은 단순히 비바람을 피할 수 있는 곳이라는 개념이 아니라, 자기만의 방이어야 한다는 게 중요합니다. 즉, 사람에게는 누구의 눈치도 보지 않고 방에서 방귀를 뀔 권리가 있고, 방을 어지럽혀도 될 권리가 있으며, 욕조나 화장실에서 느긋하게 머물 권리가 있고, 자위행위를 할 권리가 있습니다. 프라이버시를 지켜줄 수 있는 방을 갖는 건 **인간의 기본적인 권리**라고 생각합니다.

재미난 건 제대로 일할 수 있게 된 다음 집을 갖게 되는 모델보다 집을 먼저 갖는 하우징 퍼스트 모델이 결과적으로는 일을 시작하는 장벽을 낮춘다는 사실입니다.

입장을 바꿔 생각해보면 쉽게 알 수 있습니다. 자기만의 방이 있는 경우와 없는 경우는 일이 끝나고 몸과 마음의 휴식을 취할 수 있는 정도가 천지 차이입니다. 열심히 일하면 자기만의 방을 갖게 되는 모델보다 먼저 자기만의 방을 가졌기 때문에 열심히 일할 수 있는 모델이 인간적이라고 생각지 않나요? 사람들은 "열심히 해"라고 쉽게 말하지만 열심히 하기 위해서는 먼저 안전한 환경이 정비되어 있어야 합니다. 보수를 선지급하면 게으름을 피우게 되므로 성과에 따라 보수를 지급하는 제도는 언뜻 맞는 듯 보이지만 오히려 의욕을 꺾는다고 생각합니다. 저는 예전에 야구부 후보 선수였지만 어차피 나는 시합에는 나가지 못한다고 절망한 터라 연습을 제대로 하지 않았습니다. **만약 선발 선수였다면 열심히 연습했겠지요.**

이야기가 옆길로 샜네요. 자기만의 방에 관해 이야기하고 있었죠. 자기만의 방이 마음의 건강에(사실은 육체의 건강에도) 좋다는 것은 외부에서 침입해오는 무서운 타자를 거부하기 때문입니다. 자물쇠를 채울 수 있는 자기만의 방이 있어야 비로소 우리는 자신에 대해 천천히 생각할 수 있습니다. 그렇지 않으면 주변에 있는 타자들 생각으로 가득하게 됩니다. 버지니아 울프 Adeline Virginia Woolf 라는 작가가 《자기만의 방 A Room of One's Own》에서 "여성이 소설을 쓰고자 한다면 돈과 자기 혼자만의 방이 있어야 한다"고 말했습니다. 과연 명언입니다. 비단 소설을 쓰는 작가에만 국한되지 않습니다. 자신과 마주하기 위해서는 일단 타자를 잊을 수 있는 자기만의 방이 꼭 필요합니다.

이렇게 생각하니 어떤가요? 우리는 의외로 자기만의 방을 갖지 못한 채 살아가고 있는 건 아닐까요? 비록 현실에서는 잠글 수 있는 나만의 방이 있지만 마음속에는 위험한 타자들이 득실대고 있지는 않나요?

정신 건강의 본질

왜 지금, 담당 장관이 필요할 정도로 고립이 정치적, 사회적 문제가 된 걸까요? 큰 맥락으로 보면 지난 20년 동안 심각해진 신자유주의 체제가 사회를 분열시켰고, 개인에게 과부하가 걸린 점을 들 수 있습니다. 국가가 대책을 마련한 5대 질환에 정신 질환이 포함된 것에서 알 수 있듯, 누구나 마음의 병을 앓을 수 있는 위험에 노출되어 있고, 정신 건강이 심각한 사회문제가 되었습니다.

정신 건강의 본질은 결국 '유대 관계'입니다. 뇌 연구가 엄청난 수준으로 진행되어 있고, 심리 구조에 대한 논문이 쏟아지고 있지만, 마음의 건강에는 뭐니 뭐니 해도 좋은 관계를 맺는 게 필수라는 단순한 사실이 현실입니다.

고립은 건강에 나쁩니다. 예를 들면 학대는 양육자가 고립되었을 때 발생하고, 의존증은 사람이 아닌 알코올이나 약물 등 특정 대상에만 의지하게 되는 고립이 그 배경에 있습니다. 우울증 역시 뇌의 상태와 관련이 있는 문제로 알려져 있지만, 그뿐 아니라 고립 속에서 발생하는 다양한 스트레스가 주요한 원인입니다.

문화인류학자 로이 리처드 그링커Roy Richard Grinker는 《정상은 없다 Nobody's Normal》라는 책에서 흥미로운 이야기를 들려줍니다. 아메리카의 한 원주민 부족은 개인의 낙담이나 슬픈 감정이 자기 부족과 나눌 수 있는 일이라면 정상적인 삶의 과정이라 판단하고, 자기 기분을 남에게 말할 수 없고 혼자 끌어안고 있는 문제라면 병으로 판단한다고 합니다. **마음은 사람들의 마음을 돌고 도는 게 자연스러운 현상이며, 개인 안에 갇혀 있으면 병이 됩니다.** 이게 인간의 본질입니다. 그런 의미에서 개인주의가 팽배해진 현대 사회는 마음에 부자연스러운 상태라 할 수 있습니다.

그러므로 마음의 치료란 기본적으로 유대 관계를 회복하는 일입니다. 우울증 치료는 약을 먹고 뇌의 상태를 정비하는 거라 여겨지고 있으나 사실 가장 중요한 건 '휴양'입니다. 그리고 '휴양'을 가능하게 하는 건 주변과의 유대 관계입니다. 정말 외톨이일 때는 마음도 몸도 쉴 수가 없습니다. 예를 들면 회사에 출근하지 않고, 이불 속에 있다 해도 머릿속에 '모두에게 민폐를 끼치고 있어', '분명 나를 가치 없는 인간이라 생각할 거야'와 같은 잡음이 울리고 있다면 '휴양'이 될 수 없지요. 가족과 직장의 이해와 배려라는 바탕 위에서 우리는 비로소 쉴 수가 있습니다.

마음을 가득 채우는 타자의 목소리

마음에 침입해 우리를 공격하는 타자들은 어디서 오는 걸까요? 답은 **과거의 트라우마**입니다. 즉, 현실에서 타자로부터 공격받았던 기억 말이죠. 구체적으로 등교를 거부하는 아이를 생각해봅시다. 아이는 학교에 갈 수 없습니다. 사람이 두렵기 때문입니다. 모두 자기를 무시하고 학교에 오지 않기를 바라는 것 같아 교실에 들어가는 상상만으로도 머리가 아프고 배가 아픕니다. 이때, 예를 들어 과거에 따돌림이나 학대와 같은 무서운 트라우마가 있었다면 직접적으로 그 일이 떠오르기도 합니다. 다만 원인을 명확히 알 수 없는 경우도 많습니다.

미세한 트라우마. 실제로 가정에서 부모는 아이를 소중하게 대하려고 하지만 알게 모르게 아이의 기분을 지속적으로 무시하는 경우가 종종 있습니다. 혹은 교사가 무의식중에 내비친 쓴웃음의 숨은 의도를 간파한 아이는 '나는 이 반에 없는 게 낫겠다'라는 생각을 하기도 합니다. 그렇게 커뮤니케이션 문제가 반복됩니다. 이 작지만 만성적인 상처가 마음에 깊은 골짜기를 만들고, 거기에 유령처럼 나쁜 타자가 득실대기 시작합니다.

츠지무라 미즈키辻村深月는 이런 미세한 상처를 천재적으로 표현하는 소설가입니다. 2018년 '서점대상'을 수상한《거울 속 외딴 성かがみの孤城》을 비롯해 다양한 작품에 스트레스를 안고 살아가는 어른이 본인도 자각하지 못하는 상태에서 아이에게 상처를 주는 과정이 묘사되어 있습니다. 고립된 사람의 이야기를 듣는 건 과거에 입었던 상처에 대한 아픈 이야기를 듣는 겁니다.

그래서 제가 등교를 거부하는 아이를 상담할 때는 동시에 부모나 교사와도 상담하는 시간을 정기적으로 갖습니다. 아이에게 만성적으로 상처를 입히는 커뮤니케이션을 바꿀 필요가 있기 때문입니다. 어른들도 스스로 깨닫지 못합니다. "아, 아이는 그렇게 받아들이나요?"라며 제삼자에게 이야기를 들은 후에야 비로소 깨닫습니다. 그런데 상처 주는 말을 하는 데는 나름의 이유가 있습니다. 부모도 교사도 강한 스트레스를 받을 때, 자기도 모르게 상처 주는 말을 내뱉는 겁니다. 제삼자가 그 노고에 대해 들어주면 부모도, 교사도 말과 태도가 부드러워지면서 대응하는 태도가 달라집니다. 물론 이 정도로 아이가 바로 바뀌는 건 아닙니다. 하지만 조금씩 주변이 평화로워지고 현실의 타자가 반드시 위험한 건 아니라는 느낌을 받으면, 학교에 대한 공포가 조금은 누그러집니다. 마음속의 무서운 타자가 그림자를 감추기 시작합니다. 교실은 아니라도 보건실로는 등교하게 될지도 모릅니다. 좋아하던 역사 수업만큼은 교실에 들어갈지도 모릅니다. 교실에 들어가 보니 친구들이 이상한 눈초리로 쳐다보지도 않고, 의외로 무섭지 않았다는 체험을 할지도 모릅니다. 이런 경험이 쌓이는 게 마음의 회복입니다. 마음속의 나쁜 타자를 조금씩 현실의 타자로 대체해갑니다. **인간에게는 분명 무서운 면도 있지만, 그게 전부는 아닙니다.** 의외로 사람은 타인에게 무관심하고, 친절한 사람도 꽤 많습니다. 이런 현실의 색채가 마음의 물감에 섞여 들어갈 때, 우리의 상처는 치유되어갑니다.

고립된 사람을 돌보려면

고립된 사람을 돌보기 위해서는 구체적으로 무엇이 도움이 될까요? 당연히 좋은 유대 관계를 제공하는 게 최고의 고립 대책이겠지요. 그런데 이게 대단히 어려운 일입니다. "이거 좋은 유대 관계지요? 관계를 맺어보겠습니까?"라고 권유를 받아도 두렵거든요. 아니면 "나는 나쁜 사람이 아닙니다. 우리 관계는 좋은 관계입니다"라고 말하는 사람이 있다면 사기꾼이라고 여길 수도 있습니다.

유대 관계처럼 애매한 걸 직접 제공하기보다는 사실은 좀더 확실한 것, 구체적으로 도움이 되는 걸 우선 제공하는 게 고립 대책이 됩니다. 혹은 어린이 식당こども食堂*에서 식사를 제공하

---

* 지역의 어린이들이 혼자 밥을 먹거나 식사를 거르지 않도록 식사를 무료, 혹은 아주 적은 돈을 받고 제공하는 곳. 기부와 자원봉사로 운영되며

는 것도 고립 대책이 됩니다. 그리고 무엇보다 돈이 중요합니다. **돈에는 고립을 완화하는 힘이 있습니다.** 왜냐하면 이 대책들은 돈이 들고 사람을 안심시키기 때문입니다. 안심이란 예상하지 못한 일은 일어나지 않는다는 겁니다. 일상생활에서 예상했던 일이 일어나고 아무도 이상한 짓을 하지 않습니다. 예를 들어, 직장에서는 대체로 아침에 집을 나설 때 예상한 일들이 일어나고, 예상대로 집으로 돌아와 저녁을 먹습니다. 그러면 일상이 순환한다는 느낌이 들어 안심하게 됩니다.

따돌림이 마음에 심각한 상처를 입히는 건 이런 이유 때문입니다. 오늘 학교에 가면 무슨 일이 일어날지 예측이 불가능하니까요. 이건 정말 무서운 일입니다.

돈이 안심시켜준다는 건 3개월 후에도 기본적으로는 이렇게 살고 있을 거라는 예측 가능한 느낌을 주기 때문입니다. 그러므로 **돈은 일확천금을 버는 것보다는 정기적으로 비슷한 금액을 버는 게 건강에 좋습니다.** 이렇게 안심이 되어야 비로소 누군가와 관계를 맺을 수 있습니다. 불안할 때 누군가가 말을 걸면 경계하지만 안심이 된 상태라면 친구가 될 수 있을지도 모

비영리법인이 운영한다.

릅니다. 타자와 관계를 맺기 위해서는 용기가 필요하지만 그 용기는 안심이 된 상태에서만 시작할 수 있습니다.

고립된 사람의 모순

여기 고립된 사람이 있습니다. 자, 우리는 누군가가 그에게 말을 걸어주면 된다고 생각합니다. 하지만 그렇지가 않습니다. 고립되어 있을 때 누가 말을 걸어오면, 이 사람이 나를 함정에 빠뜨리려고 하는 게 아닌지 의심하거나 나를 속이려는 게 틀림 없다고 생각해버립니다. 마음속에 나쁜 타자가 득실댈 때는 현실 속 주변에 있는 타자들도 나쁜 사람으로 보이거든요. 바로 이 점이 고립된 사람을 도울 때 대단히 어려운 부분입니다. **조력자는 아군이 되고자 이야기를 들으려 하는데, 상대는 적으로 간주해버립니다.** 게다가 조력자가 고립된 사람에게 상처를 주는 일도 종종 일어납니다. 적일지도 모르는 사람이 접근해오면 무섭고, 말하고 싶지 않은 부분을 선의로 도우려는 사람이 무심코 건드릴 수도 있습니다. 그러면 고립된 사람은 생각합니다. 나에게 상처를 줬다. 역시 이 녀석은 적이다.

고립을 완화하기 위해서는 좋은 관계가 필요합니다. 그런데 관계를 맺으려 하면 내면에 휘몰아치는 나쁜 타자의 목소리가 관계를 나쁜 것으로 물들여버립니다. 나쁜 타자를 약화하기 위해서는 좋은 관계가 필요한데, 좋은 관계를 제공하려 하면 나쁜 타자가 되고 맙니다. 끝없는 악순환이죠. 여기에 비극이 있기에 순환을 역회전시켜야 합니다.

시간의 힘을 믿자

그렇다면 어떻게 하면 좋을까요? 정말 일반적인 이야기지만 **'시간을 들이는'** 수밖에 없습니다. 정신 건강 관리의 알파이자 오메가는, 즉 처음이자 마지막 비법은 시간을 들여 몇 번이고 만나는 것입니다. **마음의 변화는 극적인 한순간이 아니라, 나를 지켜봐주는 누군가가 있고 흐르는 무수한 시간이 축적될 때 일어나기 때문입니다.** 마법의 충고나 운명의 만남보다도 꾸준한 관계성의 축적이 더 도움이 됩니다.

예전에 제가 학교에서 상담할 때 등교를 거부하는 학생들의 가정을 방문했습니다. 면접실에서 기다려도 만날 수가 없어서

집까지 만나러 갔습니다. 그런데 집에 가봐도 그 아이를 만날 수가 없었습니다. 잠을 자고 있던 아이는 일어나려 하지 않았거든요. 하는 수 없이 다음 주에 보자, 하고 메모를 남기고 돌아왔죠. 그리고 다음 주에 가면 학생은 또 자고 있었습니다. 다시 메모를 남기고 돌아왔습니다. 같은 행위의 반복이었습니다. 언뜻 아무런 발전도 없는 것처럼 보였죠.

하지만 같은 일이 반복되면 그 자체가 일종의 예측 가능성이 됩니다. 저 사람은 다음 주에도 와서 메모를 남기고 가겠지, 라고. 그러면 어느 날, 아이는 일어나 있습니다. 하지만 만나고 싶지 않아 한다고 어머니가 전해줍니다. '아, 일어났구나' 하고 저는 기뻐합니다. 중요한 건 제가 상처를 주기 위해 온 게 아님을 전하는 일입니다. 그러기 위해서는 시간을 들여야 합니다. 몇 번이나 집에 찾아왔는데도 불쑥 방으로 침입하지는 않는다든지, 이상한 말은 하지 않는다든지 말이죠. 이런 경험의 축적 속에서 예측 가능성이 커지고 학생이 안심하게 되면 어느 날 아이는 식탁에서 빵을 먹으며 기다리기도 합니다.

결국 신뢰란 시간의 경과를 통해서만 형성됩니다. 아무리 어휘를 신중히 선택하고, 목소리 톤을 조절해도 불신감이 있으면 상대는 위험한 인물로밖에 보이지 않습니다. 상처 주지 않기 위해 배려한 시간이 쌓여야 안정감이 생깁니다. 그래서 일본에서 고립된 사람을 돕는 일을 하는 모든 분은 매번 "또 만나요"라고 약속합니다. 시간을 믿읍시다. 시간의 힘을 믿는 게 정신 건강 관리의 마지막 비법입니다.

밀고 당기는 마음

왜 반복해서 만나는 게 효과가 있을까요? 몇 번을 만나도 안 되는 건 안 되는 게 아니겠냐고 생각할지도 모르지만 이 방법은 의외로 강력한 효과가 있습니다. 이를 이해하기 위해서는 누구든 마음이 여러 개 있다는 사실을 떠올릴 필요가 있습니다. 즉, 우리 안에는 상호 모순된 마음이 있는데 그 둘이 서로를 밀고 당기는 과정 속에서 매일의 삶이 이루어지고 있습니다.

예를 들어볼까요. 고립되어 있을 때 우리 마음은 '타자는 적이다'라고 생각합니다. 적어도 '적일지 모른다'라고 생각하기 때문에 누군가와 함께 있는 게 괴롭고, 도움을 청하는 게 두려워 타자를 멀리합니다. 하지만 사실은 이런 마음만 있는 게 아닙니다. 마음 어딘가에 그러니까 또 다른 마음은 '도와줘' 혹은

'내 편이 있을지도 몰라'라고도 생각합니다. 이 목소리는 별로 크지 않습니다. 게다가 숨소리도 작고 희미합니다. 기본적으로는 '타자는 적이다'라는 목소리가 훨씬 압도적으로 크기 때문에 그 아이는 학교에 가지 못합니다. 반복해서 만나는 것의 의미는 이 작은 쪽 목소리의 희미한 신음이 서서히 들리게 되는데 있습니다. 심리 관련 일을 하면서 가장 큰 보람을 느끼는 게 바로 이 부분입니다.

예를 들어 앞에서 이야기한 가정방문 사례에서 아이가 만나기를 거부할 때는 아이의 커다란 쪽 목소리가 저를 "적이다, 그러니까 만나지 않을 거야"라고 말합니다. 하지만 또 그냥 돌아가기도 뭣해서 어머니와 아이의 근황에 관해 이야기를 나눴는데 "어제는 선생님이 오신다고 하니까 빨리 자려고 했어요"라고 합니다. 작은 쪽 목소리가 들립니다. 제가 적일지도 모른다고 생각하고 두려워하지만, 어쩌면 자기편일지도 모른다고 기대하는 부분도 있습니다. 이런 면도 있구나, 하지만 아직 불안한 면도 있어서 오늘은 만나지 못했네. 이런 생각이 듭니다. 여기까지 깨달으면 이제 그 목소리를 추적할 수 있게 됩니다. 다음에 집을 방문했을 때는 조금 전까지 일어나 있었다는 걸 알게 될 수도 있고, 그다음에는 다시 공포가 완승한 상태일지도 모릅니다. 뭐가 됐든 작은 목소리와 큰 목소리가 밀고 당기는 게 보이기 시작합니다.

이런 일이 반복되는 와중에 서서히 작은 쪽 목소리와 커뮤니케이션이 가능해지고, 그러면서 아이는 조금씩 안전하다는 느낌을 받게 됩니다. 관계가 조금씩 확실해집니다. 이럴 때 마음 깊은 곳에서부터 이 일을 하기 잘했다는 생각이 듭니다.

제삼자가 유리하다

가정사에 제삼자가 개입하는 것의 의미도 같은 맥락이 아닐까요. 가족은 오랜 시간 아이와 함께하기 때문에 오히려 아이 마음속의 작은 목소리가 잘 들리지 않습니다. 그러니까 매일 아침 깨워도 일어나지 않거나, 때로는 언쟁이라도 하게 되면 타자를 거부하는 아이의 목소리만 들리게 되죠. 이 점에서 제삼자는 유리합니다. 평소에 이런 소란을 경험하지 않으므로 **제삼자의 귀는 가족보다도 조금 신선합니다.** 그러므로 가정교사라든가 가끔 방문하는 친척에게는 평소에는 보이지 않는 아이의 모습이 보이거나 들리지 않는 목소리가 들리기도 합니다.

물론 큰 목소리밖에 못 듣게 된 건 가족만이 아닙니다. 사실은 조력자도 번아웃burnout과 같은 상태에 빠져 있습니다. 매일 마음을 다해 돕는데 "도움이 되지 않는다"라는 말을 반복적으로 들을 때가 있습니다. 그러면 조력자 본인도 상대의 큰 목소리만 들리게 되어 역시 나는 무능력하다며 완전히 절망하고 맙니다. 이럴 때 일을 포기하고 싶어지고 실제로 그만두기도 합니다. 분명 도움이 되지 않는 부분'도' 있지만, 의외로 도움이 되는 부분'도' 있습니다. 이 **'도'가 보이면 도움이 됩니다.**

　그렇게 되기 위해서는 조력자 자신이 도움을 받아야 합니다. 듣는 일을 하는 사람에게는 누군가가 대량으로 들어주는 시간이 필요합니다. 돕는 과정이 정체 상태에 있어도 제삼자의 신선한 귀라면 듣기 어려워진 목소리를 포착할지도 모릅니다. 조력자는 도움이 되지 않는다고 하지만 사실은 감사하는 부분'도' 있습니다. 이런 복잡한 심경을 느끼게 되면 일을 계속할 수 있는 힘이 샘솟습니다.

개인과 자기만의 방의 관계

다시 자기만의 방 이야기로 돌아가보죠. 지난 20년 동안, 우리 사회는 점차 개인 단위로 조각조각 흩어졌고, 언뜻 보기에 사람들은 자기만의 방을 갖게 된 것 같지만 실제로는 어떨까요? 90년대까지의 일본은 사회나 조합, 학교처럼 다 같이 모이는 곳에서 인생을 항해하는 일이 많았습니다. 그때는 확실히 안전해서 좋았을지도 모릅니다. 큰 배를 탔기 때문에 개인이 심하게 문책을 당할 일도 없고 안심할 수 있는 여백이 있었습니다. 하지만 그건 바꿔 말하면 주변 사람들에게 지속적인 간섭을 받는 사회라는 뜻입니다. 다 같이 행동하면 모두를 신경 써야 하니까요. 사실은 저도 그런 성향이 못 됩니다. 집단행동이라든가 조직적 행동에 정말 취약해서 대학에서 하는 회의에 참석해서도 집중해서 잘 듣는 데 어려움이 있습니다. 멍하니 계속 휴대전화를 만지작거려서 옆에 앉은 교수님에게 주의를 듣고는 했습니다. "회의 중에 휴대전화 사용은 안 됩니다"라고요. 뭔가 잘못됐지요. 제가 생각해도 **서른아홉 살이 할 행동은 아닙니다.**

그래서 결국 대학을 그만뒀습니다. 상담 사무실에서 혼자 일하면 휴대전화를 사용하고 싶을 때 할 수 있으니까요. 큰 배에서 내려 작은 나룻배로 항해를 하게 된 셈이죠. 그런데 이게 말입니다. **전혀 마음이 편치 않습니다.** 인생에서 일어나는 여러 위험 요소를 전부 스스로 짊어져야 하므로 시종일관 바다의 상태를 살펴야만 합니다. 이렇게 생각하면 대학에서 일하는 것과 상담 사무실에서 일하는 것, 둘 중 어느 쪽이 마음에 자기만의 방을 가질 수 있는지는 미묘해집니다. 언뜻 생각하면 조직을 그만두는 게 개인의 자유를 얻을 수 있는 것처럼 보입니다. 하지만 실제로는 인생이 불안정해지는 만큼 필사적으로 세상을 따라가야만 해서 마음속 자기만의 방에서 편히 쉴 수 없게 됩니다.

과거에 대학은 '상아탑'이라 불렸습니다. 대학에 있는 사람은 세상과 유리되어 자기 학문을 비현실적으로 추구한다는 야유의 표현이었죠. 물론 여러 문제도 있었다고 생각하지만 과거 대학에는 세상을 신경 쓰지 않아도 되는 두꺼운 벽이 둘러쳐진 자기만의 방이 있었다고 생각합니다. 조직이 안정된 환경을 만들어주기 때문에 책이 잘 팔리는지 어떤지, 세상일에 도움이 되는지 어떤지 등 세상의 동향에 신경 쓰지 않고 자신만의 학문에 몰두할 수 있었습니다.

마음속 자기만의 방은 **역설적**입니다. 정말로 외톨이일 때는 마음이 자기만의 방을 갖지 못하고, 주변에 유대 관계가 풍부할 때에만 비로소 가기만의 방을 가질 수 있습니다. 무엇인가가 지켜주고 있기 때문에 자기만의 방은 존재할 수 있습니다. 안전한 환경이 확보되어야 비로소 우리는 자기만의 방에서 자유롭게 사고할 수 있습니다. 그러기 위해서는 나룻배로 항해하기보다는 큰 배에 자기만의 선실을 만들어달라고 하는 게 의외로 좋은 점이 많습니다.

상아와 플라스틱

그렇다면 대학을 그만두지 않았으면 좋았을까요? 하지만 문제가 있습니다. 지금은 큰 배에 타고 있어도 자기만의 방을 가질 수 있다고 장담할 수 없다는 겁니다. 대학이 '상아탑'이었던 건 과거의 이야기입니다. 지금 상아탑은 플라스틱이나 비닐 탑처럼 구석구석까지 투명하게 보이는 곳이기를 요구받습니다. 투명성을 높이라는 이야기입니다. 각각의 대학인이 얼마만큼 일하고 있고, 얼마만큼 도움이 되고 있는가를 '가시화'하는 것이 현대의 경향입니다. 예산이 한정되어 있으므로 대학이 제대로 사회에 도움이 되고 있는지 더욱 엄격한 점검이 이루어집니다.

이는 대학에 국한되지 않습니다. 지금은 사회의 모든 장소가 투명해지도록 요구받고 있습니다. 택시를 타면 회사를 '가시화'하기 위해 정보 통신 기술을 도입하자는 광고가 흘러나옵니다. (건강에는 그다지 좋지 않은 광고지요.) 더 나은 경영을 위해서는 조직을 투명하게 만들어나갈 필요가 있다는 발상입니다. 분명 일리가 있다고 생각하지만 조직을 '가시화'하면 조직에서 일하는 사람이 '보이게' 됩니다. 달리 말하면 자기만의 방을 잃게 되는 겁니다.

항상 누군가에게 보여진다면 우리는 잠시 긴장을 풀고 '깜박 졸 수 없게' 되고, 늘 집중한 상태로 열심히 일해야 합니다. 그래서 성과가 오르기도 하겠지만 대학은 오히려 생산성이 떨어지는 경우도 있습니다. 흔히들 인간은 압력을 가하면 열심히 한다고 합니다. 그러나 단기적으로는 죽을힘을 다할지라도 그 상태가 지속되면 피폐해지고 쓰러집니다.

조직이 건강한 사람들로만 구성되어 있다면 박진감 있게 '가시화'하여 성과를 평가하면 됩니다. 그러나 인간은 건강할 때도 있지만 컨디션이 좋지 않을 때도 있습니다. 건강한 사람만 있을 수 있는 조직이라면 최종적으로는 슈퍼맨만 남겠지요. 그러므로 조직을 투명하게 만드는 게 중요하다고 해도 개인이 가끔은 숨을 수 있는 장소를 남겨두어야 합니다. 조직은 투명한 비닐 재질로 바꿔도 그 안의 개인실은 상아로 지켜주는 게 이상적이라고 생각합니다. 하지만 요즘 세상에 그렇게 하기가 쉽지 않기에 저는 결국 대학을 그만두었습니다. 잘한 일인지 잘못한 일인지는 아직 모르겠습니다. 자유와 안전. 이 모순되기 쉬운 두 가지를 기적과 같은 균형으로 양립시키는 게 얼마나 어려운 일인지, 한숨이 절로 나옵니다.

이제 '들려주는 기술'로

정리해봅시다. 이번 장에서는 고립과 고독의 차이에서 출발해 고립이란 내면에서는 나쁜 타자에 둘러싸여 있는 상태이며, 고독은 마음 안에 오도카니 혼자 있을 수 있는 자기만의 방이 갖춰진 상태임을 보았습니다. 그리고 어떻게 하면 고립은 방지하고 마음에 자기만의 방을 재건할 수 있을지를 생각했습니다.

어려운 건 고립이 연쇄반응을 일으킨다는 점이었습니다. 고립된 사람의 이야기를 들으려 하면 나쁜 타자 취급을 받게 됩니다. 그러면 그 사람의 마음에 나쁜 타자가 전염되고 고립감이 생기고 맙니다. 생각해보면 우리가 이야기를 듣지 못하게 되는 것도 고립되어 있을 때입니다. 직장 후배의 불만을 받아들이려면 선배 자신이 다른 좋은 유대 관계를 맺고 있어야 하고, 엄마가 아이의 이야기를 듣고자 한다면 엄마의 이야기를 누군가가 들어주어야 합니다. 나아가 그 누군가가 엄마의 이야기를 듣기 위해서는 또 다른 누군가가 그 사람을 도와주어야 합니다.

누군가가 내 이야기를 들어주고 있기 때문에 나도 누군가의 이야기를 들을 수 있습니다. 정말 필요한 건 유대 관계의 연쇄반응입니다.

이쯤에서 '들려주는 기술' 이야기로 넘어가봅시다. 고립을 방지하기 위해서 우리가 할 수 있는 일은 무엇일까요? 누군가가 내 이야기를 듣도록 하는 노하우는 무엇일까요? 이때 '들려주는 기술'이 수동적인 기술이어야 한다는 점이 중요합니다. 의아하지요? 일반적으로 기술은 능동적이니까요. 하지만 유대 관계란 그런 거라고 생각합니다. 상담하면서 감동적인 순간은 내담자가 자기는 고립되어 있는 줄 알았는데 사실은 이미 관계 안에 있었다는 걸 깨달을 때입니다. 부모님에게는 절대로 폐를 끼치지 않겠다고 생각하고 있었는데 아버지가 의외로 자신을 걱정하고 있었다는 걸 알게 됩니다. 혹은 대학에는 바보들만 있다고 생각했는데 같은 과에 나와 같은 생각을 하는 동기가 있다는 걸 알게 됩니다. 그들은 어느새 관계 안에 있고, 관계의 연쇄반응 속으로 휩쓸려 들어갑니다.

유대 관계는 능동적으로 쌓아가는 게 아닙니다. 어느 날 문득 깨닫고 보니 이미 **나를 둘러싸고 있는 상태**입니다. 그렇다면 어떻게 해야 관계가 형성되고, 내 이야기를 '듣게 하는' 상태를 이끌어낼까요? 다음 장에서 살펴봅시다.

마음에 작은 싹을 틔우자

사소한 정책에 관한 이야기를 해보자. 거대한 국가에 비하면 모래알처럼 작은 정책이다. 하지만 거기에는 우리 사회 구석구석에서 발생하는 고뇌가 드러나 있다. '마음의 조력자 양성사업' 이야기다. 올해 이 사업의 예산 규모는 3천만 엔이 조금 안 된다. 후생노동성의 발표를 살펴보면 안심하고 살 수 있는 지역을 만들기 위해 '정신 건강이나 우울증, 불안 등 정신 질환에 대한 올바른 지식과 이해를 갖추고, 정신 건강 문제가 있는 가족이나 동료의 이야기를 들어줄 조력자'를 10년 동안 100만 명 양성한다는 내용이다. 그런데 실상을 들여다보면 지역 주민에게 2시간 정도의 정신 건강 연수를 받게 하는 거라 솔직히 연수를 안 받은 사람보다 조금 나은 정도다. 하지만 무시해서는 안 된다. **이 작은 시도가 정말 귀중한 것이다.**

정신 건강 관리라고 하면 전문가가 특별한 행위를 하는 이미

지가 있을지도 모르겠다. 하지만 진정한 주역은 비전문가다. 실제로 우리 마음이 멍들었을 때, 맨 처음 알아주고 끝까지 곁에 있어주는 사람은 전문가가 아니라 가족이나 친구, 동료 같은 비전문가들이 아닌가.

예를 들어 최근 이혼한 동료의 상태가 이상해 보일 때 당신은 그가 받은 상처를 생각하고 걱정한다. 그래서 신경을 쓰고 업무를 분담해주고 기분 전환을 하자고 권한다. 이런저런 시도를 하는 동안 그는 조금씩 회복되고 어느 날 문득, 예전처럼 일을 할 수 있게 된다. 많은 마음의 위기가 전문가의 힘 따위 빌리지 않고도 그럭저럭 지나가는 것이다.

여기에 작용하는 것은 예전에는 철학자 칸트Immanuel Kant가 **'세계지식Weltkenntnis'***이라고 불렀던 개념의 힘이다. 이는 세상이 어떤 곳이고 인생에는 어떤 쓴맛과 단맛이 있는지에 대해 시중에서 공유되는 지혜를 말한다. 이 세계지식, 곧 세상지식이 이혼의 상처나 회복 과정을 상상할 수 있게 하고, 필요로 하

---

* '세계지식'에서 칸트가 말한 '세계'는 물리적인 세계와 대비되는 개념으로 실제 인간이 살아가는 세계를 의미하며, '세계지식'은 그 '세계(세상)를 살아가는 데 필요한 지식', '세상 물정을 아는 것'을 뜻한다. 이 책에서는 저자의 의도와 맥락을 고려해 '세상지식'으로 옮긴다.

는 보살핌을 준비하고, 커뮤니티 안에 그의 공간을 확보해준다. 비전문가들은 세상지식 안에서 서로를 지원한다.

위와 같이 쓰면 지나치게 낙관적일지도 모른다. 세상지식에는 커뮤니티에서 사람을 배제하는 힘도 있기 때문이다. 예를 들어 앞서 말한 이혼한 사람이 시간이 한참 지나도 회복되지 않으면 어떨까? 그는 업무가 정체되고 계속 심기가 불편하다. 언제나 불안해하고 주변과 부딪히는 일도 생긴다. 그러면 세상지식은 그를 힘겨워하기 시작한다. 그는 이해할 수 없는 존재가 되고 귀찮은 사람 취급을 받게 된다. 고립되어간다.

이럴 때 전문지식이 해독제가 된다. "우울증이 아닐까?" 누군가가 이런 말을 꺼낸다. 이 말이 세상을 조금 바꾼다. 업무 정체나 불안감이 우울증으로 보이기 시작한다. 그러면 주위는 그에게 의료기관 검진을 권하거나 특별 취급할 수 있게 된다.

이 비전문가의 판단이 바로 마음의 조력자에게 움튼 작은 싹이다. 전문가와 잘 연결되면 적절한 이해를 바탕으로 그의 심기가 불편했던 게 사실은 비명이었다는 걸 알게 된다. '귀찮은 사람'은 돌봐야 하는 사람으로 바뀐다.

이것이 '마음의 조력자'라는 행정의 배경에 있는 '정신 건강 응급처치'에 대한 생각이다. 마음의 조력자란 전문지식을 얕

게 공부해 응급처치를 하거나 전문가와 연결해주는 일을 익힌 비전문가이다. 전문지식이 세상지식의 한계를 보완해준다. 다만 전문지식이 때로 폭력이 된다는 사실을 잊어서는 안 된다. '우울증이다', '불안장애다'라는 식으로 명명하여 그렇지 않았더라면 주위의 도움을 받으며 해결할 수 있었을 **인생의 과제가 심리학이나 의학의 문제가 된다.** 그러면 사람은 다시 다른 의미에서 고립되어간다. 전문지식에는 그만한 힘이 있다.

상담심리사를 하다 보면 이런 생각이 든다. 우리는 대학원에서 엄청난 양의 전문지식을 배우지만 그 지식들은 세상지식 없이는 운용될 수 없다. 세상지식으로 내담자가 살고 있는 일상을 상상할 수 없으면 상담을 통한 지원은 전문지식의 강요가 되고 비현실적이 되고 만다. 그러므로 상담심리사 역시 **개인적으로는 전문가의 모자를 벗고, 자기 인생을 진지하게 사는 것이 중요하다.** 그리하여 세상과 인생의 고충을 깊이 아는 건 전문지식을 해독하는 데 도움이 된다.

지금 우리 사회는 너무 크고 복잡하다. 그러므로 세상지식이나 전문지식만으로 개별적 마음의 복잡한 사정을 모두 파악하기는 어렵다. 이때 전문지식이 세상지식의 한계를 보완하고 세상지식이 전문지식의 폭주를 제어해야 한다. 이 둘이 서로를 견제해 괴로워하는 사람의 복잡한 사정을 복잡한 채로 이해하는 시도를 해볼 수 있다. 결국 마음을 돌본다는 건 이런 시도를 거듭하는 일이다. 복잡한 과정을 거쳐 이해받는 것이 그 사람다움을 보장하고, 커뮤니티에 머물 공간을 만들어주기 때문이다. 그 공간이 고립을 완화해준다.

아니, 마음만이 아니다. 모든 사회적 과제가 그렇다. 신형 코로나바이러스 확산에 관한 대책만 봐도 정부의 의견이 있고 전문가의 의견이 있으며 여론이 있고 그사이 마찰이 일어나고 있다. 세상지식과 전문지식이 서로 경쟁하며 혼란이 발생한다. 그러므로 비전문가는 마음에 작은 싹을 틔우고, 전문가는 모자를 벗어야 한다. 이런 식으로 대화와 조정을 지속한다. 이것이 복잡하고 여유 없는 사회를 작게 개선해가는 데 필요한 일이라고 생각한다.

〈아사히신문〉 2021년 7월 10일자 조간 '오피니언'

비전문가와 전문가의 차이

이 장에서는 '듣기'가 가진 힘에 대해 생각해보고자 합니다. 이때 '마음의 조력자 양성사업' 뉴스는 시사하는 바가 큽니다. 왜 그런가 하면 비전문가의 '듣기'와 전문가의 '듣기'를 비교함으로써 '듣기'의 진정한 힘이 드러나기 때문입니다. 이 뉴스를 놓고 SNS의 심리 모임들에서는 열띤 토론이 한창입니다. 상담심리사를 술렁이게 하는 무언가가 있었던 겁니다. 그건 아마 비전문가가 전문 상담 영역에 참여하는 것에 대한 불안이었다고 생각합니다.

의료는 법률적으로 규제를 받습니다. 비전문가가 환자를 수술을 하거나 투약을 하면 체포당합니다. 〈블랙 잭ブラック・ジャック〉*처럼 실력이 좋더라도 면허가 없는 사람은 의료 행위를 해서는 안 됩니다. 그렇게 정해져 있습니다. 하지만 상담은 법률적으로는 **누가 해도 괜찮습니다.** 국가 공인상담심리사라는 자격 시험 제도가 신설됐을 때, 당시의 상담심리사들은 가능하면 '업무 독점' 즉, 자격이 있는 사람만 상담할 수 있도록 하고

---

 * 천재적 의술을 가졌으나 무면허인 블랙 잭이 활약하는 데즈카 오사무의 의학 만화

싶었을 거라 생각하지만 그렇게는 되지 않았습니다. 어쩔 수 없다고 생각합니다.

왜냐하면 일반적인 삶에 대해 가볍게 조언하는 인생 상담과 전문 상담을 구별하기 어렵기 때문입니다. 친구를 가볍게 상담해준 날 밤에 경찰이 집에 와서 "당신을 불법 상담 혐의로 체포합니다"라고 한다면 말도 안 되겠지요. 공상 과학 소설 같지 않나요? 상담 행위를 전문가가 독점한 미래 사회, 자기 이야기를 들어달라며 친구를 압박하는 테러리스트. 결국 도착한 곳은 무면허로 인생 상담을 해주는 사람들이 모이는 어둠의 술집이었다, 뭐 이런 내용이요. 정말 재미있을 거 같군요. 자, 다시 본론으로 돌아갑시다.

상담은 누가 하더라도 법적으로 문제가 없다는 이야기였습니다. 통신 교육으로 상담을 아주 조금 배운 사람도, 일주일에 40시간 5만 엔짜리 상담 강좌를 수강한 사람도, 6년 동안 대학과 대학원에 다닌 공인상담심리사도 모두 똑같이 "제 직업은 상담사입니다"라고 말할 수 있습니다. 이건 **마음 전문가로서 역시나 탐탁지 않습니다.** "저 정도 공부로 상담을 할 수 있을 리 없잖아"라든가 "비전문가가 나서서 오히려 위험해지면 어떡하지"라고 말하고 싶어집니다. 실제로 마음은 상처를 입기 쉽고, 폭주하기 쉬워서 그런 기우는 저도 이해가 갑니다. 이런 이유도 있고 하여 '마음의 조력자 양성사업'은 상담심리사들을 술렁이게 만든 거라고 생각합니다. 다만, 술집에서 이루어지는 인생 상담과 전문 상담의 경계선은 근본적으로 불분명합니다. 결국 '누군가와 이야기를 함으로써 마음이 편해진다'라는 건 인류가 공감하는 본능이니까요. 이걸 전문가의 전유물로 봉인할 수는 없습니다.

하지만 '이야기를 듣는 데 비전문가와 전문가는 어떻게 다른가?'라는 질문은 있을 수 있다고 생각합니다. 어쩌면 있다고 생각합니다. 어느 정도의 기술도 필요하고, 전문지식이 없으면 이해하기 어려운 마음의 움직임이라는 것도 존재합니다. 이런 의미에서 **전문가만 가능한 부분이 있다**고 생각합니다. 하지만 그런 건 전문가만 조용히 알면 되고, 새삼 세상에 말할 필요는 없는 것 같기도 합니다. 왜냐하면 신뢰할 수 있는 지인과 "내 말 좀 들어봐", "무슨 일 있었어?"라는 대화를 나눌 수 있다는 게 얼마나 마음을 든든하게 해주는지, 세상이 알게 하는 게 훨씬 가치 있기 때문입니다. 모든 사람이 "나는 전문가가 아니라 무서워서 이야기를 들어줄 수 없어"라고 한다면 좋지 않겠지요.

중요한 거라 되풀이해 말합니다. **'듣기'는 일상에서 이루어지는 일입니다.** 뒤에 노하우편에서 공개할 '들려주는 기술'도 대단히 평범한 것들입니다. 살짝 미리 귀띔하자면 화상회의에서 끝까지 남아 있어보자, 사람들 앞에서 약을 먹자, 집에 같이 가자 등인데 너무 사소해서 '겨우 그런 거였어?'라고 생각하는 분들이 많을 겁니다. 하지만 그 평범함이 중요하다고 생각합니다. '들려주는 기술'이란 평범한 생활 속 평범한 인간관계에, 여백을 만들자는 거니까요. 평범한 교류가 있고, 평범하게 이야기가 오가고, 나름대로 서로가 이해되고 있습니다. 이것이 마음의 건강에서 궁극적으로 중요하다고 생각합니다. 상담 역시 최종적으로는 그런 게 아닌가 생각합니다. 젊었을 적에는 저도 상당히 날카로워서 누가 상담에 대해 "듣는 것만으로 치유가 됩니까?"라고 물으면, "듣기만 하는 게 아니라, 다양한 전문적인 일을 합니다" 하고 반론하고 싶은 마음이 들었지만 나이를 먹어가면서 변했습니다.

마음을 돌본다는 건 이야기를 들어주는 겁니다. 그건 일상에서 모두가 하고 있는 일입니다. 일상에서 '듣기'가 도저히 제대로 작동하지 않게 됐을 때는 전문가가 출동하지만, 대부분의 경우는 가까운 대인관계를 통해 충족되고 있습니다. 이렇게 생각이 바뀌었기 때문에 "듣는 것만으로 치유가 됩니까?"라는 질문에 지금은 "의외로 힘이 있습니다"라고 대답하게 되었습니다. 상담은 뭐랄까 조금은 전문적인 일이기도 하지만 역시 듣는 일입니다. 오랜 시간 대학원에서 공부한 사람의 얘기치고는 너무 단순해서 빈약한 답변 같기도 하겠지만 어쩔 수 없습니다. 마음은 엄청나게 복잡하기도 하지만 의외로 단순하기도 한 점이 매력이라고 생각합니다.

첫상담

이쯤에서 옛날이야기를 해볼까요. 저는 스물두 살에 대학원에 들어가 그해에 처음으로 상담을 담당하게 되었습니다. 나름 의욕이 넘치는 학생이었기에 꽤 열심히 공부했고, 책이나 논문도 다양하게 읽어둔 터라 기본적인 지식은 머릿속에 있었습니다. 하지만 실제로 임상을 시작해보니 **지식은 전혀 도움이 되지 않았습니다.** 상담이 이렇게 어려운 거구나 싶어 아연실색했습니다.

첫 내담자는 등교를 거부하는 남학생이었습니다. 시간이 되어 그 친구와 상담실에 둘만 남게 되자 "무슨 일로 왔니?" 하고 물어봤습니다. 교과서적인 시작이었습니다. 그러자 그 친구는 "그냥요"라는 한마디 후 침묵. 혼란스러웠습니다. '응? 그럼 뭐 하러 온 거지?'라는 생각이 들었죠. 지금이라면 부모에게 억지로 끌려온 걸까, 본인에게도 일부는 도움을 요청할 마음이 있는 게 아닐까, "그냥요"라고 말할 수밖에 없을 만큼 타자에 대한 불신이 깊은지도 모른다 등등 여러 생각이 떠오를 수 있겠지만 당시에는 머리가 새하얗게 되고 말았습니다. 등교 거부에 관해서는 여러 책을 읽고 시작했는데, 그런 전문지식이 모두 허공으로 흩어지고 만 겁니다.

상담은 정말 이상합니다. 눈앞에 살아 있는 사람이 있고, 그 사람과 마주 앉아 있으면 냉정하게 생각하면 알 수 있는 일이 알 수 없게 되고 맙니다. 인간의 위력 같은 것에 압도되고 맙니다. 이는 아마 상담뿐 아니라 **인간관계에 깃들어 있는 마력**이라고 생각합니다. 인간관계에 얽혀 있을 때 우리의 지성은 평소와는 다르게 움직이기 시작합니다. "부부싸움은 개도 먹지 않는다"라는 일본 속담이 있는데, 아무리 듣는 기술을 공부했다 해도 싸움이 시작되면 '듣기'는 제 기능을 발휘하지 못합니다. 상대방을 알 수 없게 되지요. 첫 상담 때가 그랬습니다. 그

소년의 "그냥요"는 정말 강렬했습니다. 제 발로 상담을 받으러 와서는 첫 마디부터 "그냥요"라니. 이 말은 그 아이의 개성과 생각을 대단히 잘 나타내고 있다고 생각합니다. 그렇기에 저는 순식간에 그 아이에 대해 알 수 없게 되었습니다. 굳게 닫힌 마음에 한 방 얻어맞고는 혼란에 빠졌습니다. **진심이 담긴 말은 마음을 동요시킵니다.**

두 종류의 '알다'

'알다'에는 두 종류가 있습니다. 하나는 지식에 대입하여 상대를 패턴으로 분류해가는 '알다'입니다. 바로 일상에서 일반적으로 알려진 '알다'입니다. 이 역시 중요하다고 생각합니다. 다양한 질병에 관한 지식이 있고, 지식들을 참조하면서 내담자의 상태를 평가해가는 건 상담사에게 필수적입니다. 하지만 다른 '알다'가 하나 더 있습니다. 외부가 아니라 내부에서, 상대가 **어떤 세상을 살고 있는지를 아는** 겁니다.

당시의 저는 그런 점을 알기 어려웠고, 지금도 그렇습니다. 상대의 눈에 세상이 어떻게 비치는지 안다는 건 어렵습니다.

내가 정말로 내담자를 내부부터 이해하고 있는지 어떤지 그 어디에도 확증이 없지 않습니까? 모두 자기 마음대로 착각하고 있는지도 모릅니다. 지식을 총동원해도 답을 맞혀볼 수 없습니다. "그냥요"라는 말을 들었을 때, 저에게 일어난 일이 바로 이거였습니다. '사실은 상담에 오기 싫었던 게 아닐까?' '자기 기분을 표현하기 어렵나?' '나를 도발하고는 반응을 보려고 하는 걸까?' 여러 생각이 떠올랐지만 뭐가 정답인지 알 수 없었습니다. 그 결과 제 마음은 얼어붙고 머릿속은 새하얘졌습니다. 그로부터 20년 가까이 지난 지금은 어떻게 답을 맞혀야 하는지 알고 있습니다. 내담자에게 물어봐야 했던 겁니다. "맞아요" 혹은 "틀려요"라는 답을 듣기 위해서가 아닙니다. 뭔가 물어도 다시 "그냥요"라고 할 테니까요. 답은 둘의 관계성 안에서 찾아야 했습니다.

"네 기분을 말로 표현하기 어렵니?" 예를 들어 이렇게 질문해보고, 반응을 살피는 겁니다. 분위기가 더 심각해질 수도 있고, 아니면 조금은 안심을 할지도 모릅니다. 그 반응은 저를 더욱 긴박하게 만들지도 모르고, 어쩌면 더욱 여유롭게 할지도 모릅니다. 이런 경험이 쌓여 "아, 틀렸구나"라든가 "이거야"처럼 답을 낼 수 있게 해줍니다. 모르면 묻고, 상대의 이야기를 들어봅니다. 결국 모를 때에도 상대와의 관계성 안에 남아 있어야 합니다. 이렇게 할 수 있게 되면 어엿한 상담사가 됩니다. 이를 위해서는 지성과 감성 모두를 단련시켜야 하므로 어려운 일이지만요.

나이가 들면서 알게 되는 것

만약 내가 젊었을 적에 들었더라면 화를 냈을 수도 있는 말이지만 상담심리사에게 나이가 든다는 건 유리한 점도 있다고 생각합니다. 상담 훈련을 받기 시작하는 건 20대 초중반인데, 그 나이대는 자기 자신에 대해 전혀 모르지요. 많은 젊은이가 그럴 겁니다. **20대에겐 모든 의미가 불분명하죠.** 특히 자기가 힘들어하는 것에 대해서는 더 잘 모릅니다. 내가 왜 힘든지 모르고, 애초에 힘들다는 걸 인지하지 못하기도 합니다. 왜냐하면 그런 역경은 자기 인생에서 당연하기 때문입니다. 예전부터 계속 그랬으니까, 그걸 굳이 힘들다고 의식하지 못합니다. 내담자가 "다른 사람들도 모두 그럴 거라고 생각하는데요"라고 전제하고, 전혀 평범하지 않은 과거를 이야기하는 것과 마찬가지입니다. 모두 그렇다고 생각합니다. 우리는 각자 특수한 역사를 살아내고 있지만 그래도 그게 특별한 일이었다는 걸 깨닫기는 굉장히 어렵습니다. 다른 인생을 모르니까요. 하지만 점점 나이를 먹고 다양한 삶을 사는 사람들과 만나고, 세상에 대해 보고 듣는 것이 많아지면서 자신이 '평범'하다고 생각했던 것이 의외로 '평범하지 않았다'는 걸 깨닫게 됩니다. 나는 상당히 특수한 상황에 놓여 있었다든가, 나는 사실 정말 심한 일을 겪었다는 걸 깨닫습니다.

이게 나이를 먹는 것의 장점입니다. 나이를 먹으면 전보다 아주 조금 더 타자를 이해할 줄 알게 됩니다. 자기가 힘든 일을 겪었다는 것이 참조점이 되면, 타자의 힘든 부분을 상상하기가 쉬워집니다. 예를 들어 이혼을 하면 이혼의 위기가 얼마나 괴로운지 절감하게 됩니다. 전부는 아니더라도 전보다 실감하며 이해할 수 있습니다. 인생 경험이 중요하다는 흔한 이야기입니다.

젊었을 적에는 선배들이 이런 말을 하면 너희는 애송이라고 무시하는 것 같아 '전문성은 그런 게 아닐 텐데' 하는 반발심이 들었습니다. 하지만 짧은 생각이었습니다. 누가 뭐라 해도 마음은 그런 겁니다. 비록 완전히 똑같은 경험을 할 수는 없다 해도 자기 경험이 타자의 경험에 대한 상상력을 확장하는 건 사실이라고 생각합니다.

그거, 괴롭겠네요

사람이 사람을 이해하는 것의 근본은 전문가가 전문지식을 통해 이해하는 것과 같은 게 아니라, 평범하게 생활하는 가운데 지인과 "그거, 괴롭겠네요"라며 마음을 주고받는 거라고 생각합니다. "그거 괴롭겠네요"라는 말을 자연스럽게 주고받을 수 없게 됐을 때는 전문지식이 등판할 차례겠지만 기본은 "그거, 괴롭겠네요"입니다. 전문가도 원래는 그랬을 거라고 생각합니다.

정신과 의사인 나카이 히사오中井久夫 씨는 어떤 사람이 정신과 의사가 되기 쉬운가라는 질문에 대해, 자신이 정신적 위기를 겪었던 사람이나 주변 사람이 정신 질환을 앓았던 적이 있는 사람들이 많다고 했습니다.* 상담심리사도 그렇고, 정신 건

---

* 나카이 히사오, 《치료문화론: 정신의학적 재구축의 시도治療文化論: 精神医学的再構築の試み》, 이와나미현대문고, 2001 참조

강을 돌보는 사람 전반에 통용되는 이야기라고 생각합니다. 자신이나 주변 사람이 괴로워했던 경험이 있기 때문에 지금은 누군가의 괴로움을 돌보는 일을 하고 있습니다. 혹은 옛날의 주술사나 샤먼 중에도 그런 사람이 많은 것 같습니다. 균형과 조화가 깨진 자신을 치유하는 동안 자기 자신이 치유자가 됩니다. (이 부분에 대해서는 뒤에 나오는 《광야의 의사는 웃는다野の医者は笑う》라는 책을 참고하기 바랍니다.) 이는 **고대로부터 이어지는 '돌봄'의 기본이겠지요.**

단, 타인을 돌보려면 그 위기에서 탈출해야 합니다. 자신이 위기 한가운데 있을 때는 상대를 제대로 이해할 수 없습니다. 자신이 딛고 서 있는 땅이 흔들리고 있을 때는 상대의 땅이 흔들리는 건지, 내 땅이 흔들리는 건지 알 수 없으니까요. 내 땅의 흔들림이 잦아들면 상대의 흔들림이 또렷이 보입니다. 그러므로 우선은 자신을 돌보고, 일단락된 다음에 타자를 돌보는 게 안전하다고 생각합니다. 애초에 이렇게 곤경에서 탈출하는 것 자체가 비슷한 곤경에 처해 있는 사람에게 도움이 됩니다.

예를 들어 알코올 사용 장애 **자조自助 모임**처럼 같은 고민이 있는 사람들이 모여 서로 돕는 당사자들의 모임이 지금은 다양하게 존재합니다. 거기서는 먼저 곤경에서 빠져나온 사람이 새로 모임에 참가한 사람의 롤모델이 됩니다. 후배들은 선배들을 보고 '언젠가는 저렇게 될 수 있을까' 하고 미래에 대한 희망을 품습니다. 곤경에 처해 있을 때, 시간적 전망은 강한 지지가 됩니다. 잘 생각해보면 술집에서 동료와 수다를 떨고 있을 때가 그런 기분이지요. 우리는 인생의 불행이나 실패, 그런 것들을 해결하고 살아남은 이야기를 서로 나눕니다. 이런 식으로 **이야기를 하거나, 이야기를 듣는 것이 일상에서 마음의 지지가 된다**고 생각합니다.

세상지식의 몰락

그렇다고는 하나 여러분은 선배의 무용담을 너무 많이 들어서 지겨운 적도 있을지 모르겠습니다. 아니면 자기 무용담을 들려주었더니 후배들이 지겨워했던 경험이 있을지도 모르겠군요. 슬픈 일입니다. 귀 기울여 들어주었으면 좋았을 텐데요. 하지만 어쩔 수 없습니다. 우리는 "나도 너처럼 괴로웠던 적이 있지만 밤낮없이 일하면서 극복했어"와 같은 전근대적인 이야기는 기피 대상이 되는 시대를 살고 있습니다.

예전의 세상지식과 현대의 세상지식은 크게 변했습니다. 잠깐 복습해볼까요? '세상지식'은 세상은 어떤 곳이고 인생에는 어떤 쓴맛과 단맛이 있는지에 대해 시중에서 공유되고 있는 지혜를 말한다고 했습니다. **현재 세상지식은 예전의 세상지식보다 훨씬 복잡합니다.** 같은 회사의 선배와 후배라도 전혀 다른 세상을 살고 있고, 같은 공간에 있는 것처럼 보여도 전혀 다른 문제에 직면해 있습니다. 그러므로 선배의 세상지식이 가득 담긴 고마운 이야기가 후배에게는 그저 자랑하는 이야기나 설교로밖에 들리지 않는 겁니다. 흔히 말하는 '시대가 변했다'라는 게 이런 겁니다.

하지만 세상지식의 힘 자체가 소멸했다는 뜻은 아닙니다. 같은 세상을 살고 있을 때는 **선배의 이야기만큼 의지가 되는 것도 없습니다.** 예를 들어 저는 심리상담소를 개업하여 그걸로 생활하고 있는데, 저처럼 도쿄에서 개업한 선배 상담심리사의 세상지식에 큰 도움을 받았습니다. 홈페이지의 제작 방법에 따라 어떤 영향이 있는지, 고객을 소개받았을 때 어떤 서류를 보내주면 신뢰를 얻을 수 있는지, 동료끼리 정기적으로 스터디 모임이나 회식 같은 것을 하는 것이 사무실 운영에 얼마나 필수적인지 등 교과서에는 나와 있지 않지만 심리상담소 개업에 필요한 여러 가지 지혜를 배웠습니다. 이런 조언들은 선배가 나와 같은 세상을 살고 있기 때문에 도움이 되는 지혜입니다. 같은 중학교와 같은 고등학교를 먼저 거쳐간 동문 선배가 동아리 선택 등에 대해 조언해주는 것과 같은 맥락입니다. 이처럼 상세한 지식들을 공유할 때, 세상지식은 강한 힘을 발휘합니다.

나눔의 연결고리

앞에서 이야기한 자조 모임은 약물이나 알코올 의존증에만 유효한 게 아니라 곤란한 여러 상황에 적용되고 생각보다 널리 확산되어 있습니다. 사회학 연구자인 니시이 카이西井開의 책 《'비인기'에서 시작하는 남성학「非モテ」からはじめる男性学》을 보면 최근에는 인기가 없는 남자들의 모임 같은 것도 있다고 합니다. 사회가 과도하게 작게 쪼개졌기 때문이겠지요. 예전이라면 일부러 자조 그룹을 만들지 않아도 같은 세상지식을 공유할 수 있는 친구를 어느 정도는 만들 수 있었습니다. 물론 소수자의 경우에는 어려웠을 수도 있지만 그리 멀지 않은 이전 사회

의 동료나 선후배 사이에서는 세상지식이 원활하게 공유되었다고 생각합니다.

하지만 지금 세상은 과도하게 세분화해 깨진 유리처럼 산산조각이 나고 말았습니다. 그러므로 타자의 세계에 손을 대면 손가락을 베고 찌릿한 통증이 몰려옵니다. '혼자 신났군. 난 이렇게 힘든 줄도 모르고' 이런 생각이 절로 듭니다. 그렇기에 같은 문제에 직면해 있고, 같은 고통을 나누고 있는 동료가 꼭 필요합니다. 같은 세상이 보이고, 같은 과제로 고민하는 동료. 우리에게는 이런 자조 모임 성격의 관계가 필요한 거라고 생각합니다. 저는 이를 2022년 출간된 저의 책《모든 걸 비추는 밤, 마음만은 보이지 않아 なんでも見つかる夜に、こころだけが見つからない》에서 '나눔의 연결고리'라 불렀습니다. 뭔가를 나눔으로써 연결되는 사이에는 신기한 힘이 있습니다.

아무튼 지금, 세상지식은 약해졌고 금이 가고 있습니다. 우리는 조각조각 흩어진 사회에 살고 있고, 서로에 대해 알 수 없습니다. 이 틈을 메우기 위해 활용하고 있는 게 전문지식이겠지요. **자신의 세상지식으로는 이해할 수 없는 것을 전문지식이라는 이름을 붙여 지식의 권위를 부여합니다.** 예를 들면 병명을 붙여주어 어떻게 배려하면 좋을지 가르쳐주는 것입니다.

주변 사람들의 힘

여기서 이해를 돕기 위해 의료인류학의 최고 권위자인 아서 클라인먼의 건강 돌봄 체계 이론을 소개하겠습니다. 클라인먼은 각각의 지역에는 사람들의 건강을 돌보기 위한 체계가 존재한다면서 이를 전문직 영역, 민속 영역, 민간 영역 등 세 가지로 분류했습니다. 이 영역들이 서로를 보완하면서 우리 심신의 건강을 지켜주고 있다는 겁니다.

자, 설명해볼까요. 우선, 전문직 영역이란 의사나 간호사 혹은 상담심리사도 여기에 포함됩니다만 이 사회에서 공인된 전문가를 말합니다. 현대 사회라면 과학에 기초한 치료를 하는 전문가가 되겠지만, 예전의 일본에서는 전통 의학 등이 전문직 영역이었고, 고대 인도에서는 아유르베다가 공식 치료였습니다. 반면 민속 영역은 비공인 전문가들입니다. 요즘의 일본에서는 아로마 테라피스트나 점술가, 주술사 등이 민속 영역에 해당하겠지요. 전문직 영역과 민속 영역의 경계선은 시대나 사회에 따라 가변적입니다.

저는 《광야의 의사는 웃는다》에서 오키나와의 샤먼이라든가 영적 치료자 Spiritual Therapist를 상담심리사와 비교했습니다. 민

건강 돌봄 체계

속 영역과 전문직 영역의 치료자는 어느 부분이 같고, 어느 부분이 다른가의 문제를 생각해봤던 것입니다. 흥미가 있는 분은 책을 읽어보시기 바랍니다.

자, 중요한 건 남은 민간 영역입니다. 이는 전문가가 아닌 사람들이 행하는 돌봄을 말합니다. 동료나 친구, 선생님이나 상사 그리고 가족이 다방면으로 돌보아주고, 자기도 자신을 돌보고 있지 않습니까. 이것이 민간 영역입니다. 재미있는 건 이 삼자의 관계를 나타내는 그림입니다. 민간 영역은 전문직 영역과 민속 영역에 비해 압도적으로 큽니다. 일상에서 이루어지는 대부분의 돌봄이 민간 영역에서 이루어지고 있습니다. 실제로 우리는 감기에 걸려도 바로 병원으로 가지 않습니다. 일단은 빨리 자거나 영양가 있는 음식을 먹으며 **스스로 치유하려 합니다.** 이때 가족이 밥을 지어줄지도 모르고, 동료가 "일은 내가 대신해둘 테니, 푹 쉬어"라고 말해줄지도 모릅니다. 처음에는 주위에 있는 평범한 관계가 돌봄을 제공해주고, 대부분은 그 정도로 낫습니다.

전문직 영역이나 민속 영역이 등장하는 건 민간 영역의 돌봄만으로는 역부족일 때입니다. 이뿐만이 아닙니다. 사실은 전문직 영역보다 민간 영역이 더 위대합니다. 의사나 상담사를 찾아갔다 해도, 집에 와서 가족과 "그 상담사 어땠어?" "음, 뭔가 잘 안 맞는 거 같아" "그럼, 다른 데를 알아볼까?"와 같은 대화를 하기 마련이므로 실제로는 민간 영역이 최종적으로는 치료 전략을 짜고 있고, **돌봄의 주역은 민간 영역인 겁니다.** 전문가들은 잊기 쉬운 사실입니다만. 어떻습니까? 자기 생활을 돌아보면 온갖 곳에 민간 영역의 돌봄이 있다는 걸 느끼지 않나요? 가족이나 친구들이 우리를 돌봐주고 있고, 우리도 그들을 돌봐주고 있습니다. 마음을 돌보는 데 가장 기본적인 방법은 이런 평소의 인간관계입니다.

세상지식과 전문지식의 관계

　민간 영역에서 작용하는 지식이 바로 세상지식입니다. 일상에서 발생하는 정신 건강 문제의 대부분이 사실은 세상지식을 통해 해결되고 있습니다. 학교를 생각해보면 쉽게 이해할 수 있습니다. 학교 상담 선생님이 교내에서 대처하는 사례는 극히 소수입니다. 모든 아이가 스트레스를 받아 힘들겠지만 대부분의 문제는 학급 안에서 교사가 대처하고, 그 전에 가족과 친구 그리고 아이 자신이 스트레스에 대처하고 있다고 생각합니다. 피곤한 것 같으니 조금 쉬도록 할까, 상태가 안 좋은 것 같으니 대신 뭘 좀 해줄까 등 이런 **세상지식으로 마음의 문제 대부분이 해결되고 있습니다.**

　학교 상담 선생님이 필요해지는 시점은 세상지식으로는 아이를 이해할 수 없을 때입니다. 친구의 노력도 효과가 없고, 가족이 상대하기에는 벅차며 교사도 어찌해야 할지 모를 때가 있습니다. 그러면 아이는 고립되어버립니다. 세상지식으로 이해할 수 없게 된 아이는 집단에서 배제되고 맙니다. 주변 사람들은 그 아이와 평범하게 접할 수 없게 되기 때문입니다. 이제 학교 상담 선생님이 나설 차례입니다.

전문지식은 세상지식이 통용되지 않을 때 비로소 도움이 됩니다. 예를 들어 주변 친구들로부터 '왜 그렇게 불안해하는 걸까?'라는 눈총을 받는 아이에게 전문가가 "우울증 같구나"라고 말하고, 설명해주면 주변은 '아아, 그 행동은 사실 비명이었구나'라고 깨달으면서 돌봄을 재개할 수 있습니다. 혹은 "이 아이는 발달장애 성향이 있습니다"라는 말을 들으면 분위기 파악을 못 해 주변 사람들을 곤란하게 만들었던 아이가 결코 악의가 있었던 게 아니라는 걸 알게 됩니다. 그러면 주변은 배려할 수 있게 됩니다. 학교 상담 선생님 업무의 본질은 반이나 가족 간에 이루어지던 돌봄을 재가동시키는 데 있습니다. 또는 기업의 사내 상담사도 마찬가지입니다. 동료나 상사가 돌봄을 잘 실천할 수 있도록 조언하는 게 그들의 일입니다.

전문가는 평범한 사람이 서로 돌보는 것을 돕기 위해 존재합니다. 다만 전문지식에도 부족한 점이 있습니다. "우울증이니까"라든가 "발달장애니까"와 같은 표현을 사용함으로써 "이건 전문가에게 맡기면 돼"가 되어서는 본말이 전도됩니다. 그러면 곤란에 처한 사람을 고립으로 몰아넣는 결과를 가져옵니다. 그러므로 **전문지식은 세상지식에 녹아들기 쉬운 것이어야 합니다.** 마치 우유 맛 탄산음료 같은 느낌입니다. 전문지식은 원액으로 마시면 받아들이기 힘들지만 희석해서 마시면 맛있어집니다. 음, 제가 비유에 너무 진심이었나요?

마음 사이 다리 놓기

임상심리학이나 정신의학적 전문지식은 이상심리학*이라든가 정신병리학에 뿌리가 있다고 생각합니다. 단어가 조금 어렵지요? 말하자면 극단으로 치우쳐 있거나 제대로 기능하지 못하는 심리상태에 대한 지식을 말합니다. 예를 들어, 길거리에서 굉장히 큰 소리로 화를 내는 사람이 있다고 가정해봅시다. 주변에서는 '무서운 사람이네' 혹은 '저렇게 화내지 않아도 될 텐데'라고 생각할지도 모릅니다. 하지만 그 사람은 **사실 두려워하고 있는 겁니다.** 자기가 너무나 두렵기 때문에 그 두려움을 떨쳐버리려고 화를 내고, 자기 대신 주변을 두렵게 만들고 있는 겁니다. 이렇게 평범하지 않은 상태에 있을 때, 그 평범하

---

* 고통과 불행을 일으키는 원인으로써 이상행동과 정신장애를 연구하며 인간의 행복과 성숙을 지향하는 학문 영역이다. 정신, 기분, 행동에서 나타나는 병리의 본질을 이해하고자 다양한 원인을 탐색한다.

지 않은 마음의 움직임이 어떤 것인지를 연구하는 학문 분야가 이상심리학과 정신병리학입니다. 마음 전문가의 영업 도구랄까, 전문성이지요.

일반적인 심리상태에 관해서는 각자 잘 알고 있습니다. 자기 마음이 평소 어떻게 움직이는지는 잘 알고 있을 테고, 가까운 사람의 마음에 관해서도 꽤 많은 걸 알고 있을 겁니다. 그러므로 모든 사람이 일상적인 마음의 전문가입니다. 하지만 일상과 다르게 움직이고 있는 마음은 이해할 수 없어 어떻게 대해야 할지 난감해집니다.

이럴 때 상담심리사가 등장합니다. 그런 의미에서 가족에게 환자의 증상을 설명하는 일은 우리 상담심리사들에게 무척이나 중요합니다. "환자분께서 화를 자주 내는 이유는 본인이 가진 두려움이 커서라고 생각합니다" 하면 가족은 "그러고 보니 분명히 갑자기 말을 걸었을 때 화를 냈어요"라며 기억을 떠올리고, 지금까지와는 다른 눈으로 보기 시작합니다. 그러면 가족은 돌봄을 재가동할 수 있게 됩니다. 두려워하지 않게 하려면 어떻게 해야 좋을지 생각하고 걱정하게 되고 그 결과로 본인도 화를 내는 횟수가 줄어듭니다. 이때 제가 하는 일이 **통역**입니다. 통상적인 마음과 이상 사태가 된 마음 사이에서 말이 잘 소통될 수 있도록 다리를 놓습니다.

상담심리사는 통역사

상담이라 하면 상담사가 특별한 방법으로 이야기를 들어주고, 마음을 치유해주는 이미지가 있을지도 모르겠으나 그렇지 않습니다. 대부분 내담자의 **마음에 회복을 가져오게 돕는 사람은 가까운 사람들입니다.** 주변 사람들이 알기 어려워진 자기 말을 이해해주고, 걱정해주고 귀 기울여 이야기를 들어주면 마음은 점점 안정감을 되찾고 관계가 재생되어갑니다. 상담심리사의 일은 통역입니다. 당사자의 말을 번역하여 가족에게 전합니다. 또는 당사자 본인도 알기 어려운 이상 상태가 되어버린 자기 마음이 하는 말을 번역하여 본인의 통상적인 마음에 전달합니다. 당사자에게 자기 자신의 마음에 관해 전달하는 겁니다. 그러면 그 자신이 자기에 관해 주변에 전달할 수 있게 됩니다. 중요한 문제이므로 앞서 이야기한 '사회계평'의 예를 들어볼까요.

동료가 이혼을 했다고 가정합시다. 처음에는 걱정이 되겠지요? 그러므로 모두 이것저것 배려해주고 신경을 써줍니다. 하지만 그리 오래가지는 못합니다. 어느 정도 시간이 지나면 모두 조금씩 그의 이혼을 잊고 일상으로 돌아갑니다. 하지만 이혼한 동료의 우울증은 그다음에 시작됩니다. 긴급할 때는 흥분하고, 일종의 조증 상태로 어려움을 넘기지만 이후에는 길고 긴 우울감이 찾아옵니다. 그때 그는 몹시 울적해지고 불안해하며 주변과 좀처럼 타협하지 못합니다. 동료들은 곤란해집니다. '왜 저렇게 불안해하는 거야?' 혹은 '원래 좀 상대하기 힘들었잖아요'라고 생각할지도 모릅니다. 이제 그는 좀처럼 이해하기 어려운 사람이 되고 맙니다. 이럴 때 통역이 있으면 도움이 됩니다. 불안의 배경에는 우울증이 있다는 것, 우울증은 긴급한 위기 상황이 끝난 다음에 찾아온다는 것, 이런 것들을 번역하여 주변에 알릴 수 있다면 주변은 '그렇겠구나, 이혼을 했지'라고 상기하며 그를 다시 이해할 수 있습니다. 세상지식이 다시 가동하고, 돌봄이 재개됩니다.

이해에는 애정을 불러일으키는 힘이 있습니다. '아, 그렇게나 궁지에 몰려 있었구나'라든가 '그렇게 생각하니 정말 괴롭겠네'라고 생각이 미치는 순간, 우리는 상대에게 상냥해질 수 있습니다. 사랑을 작동하게 하려면 '사랑해야지'라는 다짐보다 이해하려는 노력이 더 도움이 됩니다.

사람은 상냥하게 대우받았을 때만 변할 수 있고, 회복될 수 있습니다. 야단을 맞고 회복되는 경우도 있겠지만 그건 그 배경에 사랑이 깔려 있을 때만 가능하겠지요. 하지만 야단칠 때는 자칫하면 사랑보다는 미움이 이기기 쉽습니다. 인간의 마음이란 그런 겁니다.

진단명의 힘

진단명을 부여받는 문제에는 찬반양론이 있을 것 같습니다. "이것도 저것도 다 병 때문이라고 하지 마라"며 의지의 힘으로 곤경을 극복해야 한다는 의견에는 찬성할 수 없지만 '의료화', 즉 인생의 모든 문제를 의학적 문제로 보는 시각의 폐해를 비판하는 건 일리가 있는 것 같습니다.

부모님이 돌아가신 후 기운이 없고 침울한 시기를 '우울증'으로 진단하고 의학적인 문제로 규정해서 다 같이 슬픔을 나눌 기회를 없애버린다면 본말전도입니다. 다만 저는 진단명으로 얻을 수 있는 것도 많다고 생각합니다. "병이라는 걸 알아봤자 아무것도 변하지 않는다"라고 한탄하는 사람도 있을지 모르겠으나 그렇지 않습니다. **진단명에는 환경을 크게 변화시키는 힘이 있습니다.** 예를 들어 아침에 일찍 일어나지 못해 매일 학교에 지각하는 아이는 주변에서 "일찍 자지 않아서 그래" "생활 습관이 나빠" "게을러" 같은 비난을 받기 마련입니다. 여기에 '기립성 조절 장애'라는 진단명이 붙으면 환경은 급변합니다. '병'으로 받아들이면 학교나 가족도 본인에게 "힘내"라고 하는 대신 필요한 도움을 주거나 배려하기 시작합니다. 마찬가지로 하는 일마다 연달아 실패하고 집중력이 소진되고 직장에서 인간관계로 끊임없이 문제를 일으키는 사람에게 '우울증'이라는 진단명이 붙으면 회사는 일을 조정하거나 휴직 절차를 밟아야 하는 등의 의무가 발생합니다. 주변 사람들도 "건강 잘 돌봐요"라고 말하고, 여러모로 도와주려고 합니다.

'**환자 역할**'이라는 사회학 개념이 있습니다. '병'이라고 인식되면 일상의 역할을 멀리하고 회복이 최우선 사항이 됩니다. 초등학생 때 감기에 걸려 체온이 37도가 넘으면 학교를 안 가도 되고, 평소에는 오래 보지 못하던 텔레비전도 실컷 보고, 주스를 원하는 만큼 마실 수 있었던 적이 있지 않았나요? 우리 집에는 이런 규칙이 있어서 자주 꾀병을 부리고는 했습니다. 그

제도가 사회학적으로는 바른 제도였던 것 같군요. 사실은 의사가 진단명을 붙이지 않아도 환자 역할을 하는 게 좋을 겁니다. 진단명 없이도 "왠지 컨디션이 안 좋아 보이네. 좀 쉬어"와 같은 말을 들을 수 있다면 최고지요. 하지만 현대 사회는 사람과 사람의 거리가 너무 멀고, 가능한 한 개인적인 일에 개입하지 않는 게 미덕이기 때문에 환자 역할을 하려면 의사의 진단서가 필요한 경향이 있습니다.

진단명은 개인의 의지 문제로 치부되던 것을 병의 문제로 바꿔줍니다. 이야기가 바뀌는 거죠. "녀석은 게으름뱅이야"라는 도덕적인 이야기가 "병이 있어서 그랬던 거야"와 같은 의학적인 이야기가 됩니다. 그러면 **"힘내"라는 말이 "건강 챙겨"로 변합니다.** 이런 건 도움이 됩니다.

도덕이란 마음과 몸의 상태가 좋을 때 생각해야 한다고 생각합니다. 옳은 일을 하느냐 마느냐를 고민하고, 결단할 수 있는 것은 건강할 때뿐입니다. 컨디션이 좋지 않을 때는 눈앞에서 일어나는 일에 반응하기가 벅찹니다. 그러므로 궁지에 몰렸을 때는 주변 사람들이 눈살을 찌푸릴 만한 언행을 하게 되는 겁니다. 어쩔 수 없습니다. **그럴 때 필요한 건 강한 의지가 아니라, 진단서를 써줄 의사입니다.**

바보가 되다

그런 의미에서 전문지식은 꽤 유효합니다. 다만 전문지식은 세상지식 다음에 오고, 다시 세상지식으로 돌아가는 게 중요합니다. 세상지식으로는 이해할 수 없게 되었을 때 전문가가 "우울증입니다"라고 말해줍니다. 이 말을 듣고 주변 사람들이 "아, 이혼한 지 얼마 되지 않았지. 괜찮은 것처럼 보여도 힘들었구나"라며 세상지식으로 이야기를 재구조화합니다. 전문지식은 이럴 때 도움이 됩니다. 다만 전문가들은 때때로 폭주합니다. 특히 이제 막 공부를 마쳤을 때가 그렇습니다. 저 역시 그랬는데 '우울증'이라든가 '발달장애'라든가 '트라우마' 같은 새로운 말을 공부하면 하나부터 열까지 모두 트라우마로 보입니다. 모든 걸 심리학의 언어로 말하고 싶어져 술자리에서도 친구들끼리 "그 말, 투사적 동일시Projection Identification*를 하고 있어"라든가 "저 녀석은 진짜 나르시시스트라니까"와 같은 화법을 쓰게 됩니다. 정말 재미있습니다. 세상일을 완전히 이해한 것 같은 기분이 들고 전지전능해진 것 같거든요. 상담심리사

* 자신이 원하지 않는 자기 부정적 일부분이나 내면의 대상을 분리해 다른 사람에게 투사하고 해를 입히거나 조정하려 한다.

대부분은 이 말에 동의하지 않을까 생각합니다. 전문지식을 공부하면 사람은 일시적으로 그 전문 분야밖에 모르는 바보가 됩니다. 이후 그 광기로부터 깨어나는 게 진정한 의미의 전문가로 성장하기 위해 필요한 과정입니다.

전문지식 사용에 따르는 폐해를 자각하고, 최종적으로 사람은 상담소나 병원이 아니라 세상에서 산다는 걸 인식하게 되면 전문지식은 적정량을 사용하게 됩니다. 전문가가 된다는 것은 **근원적으로는 바보가 되는 일**입니다. 전문지식이라는 건 정말 복잡한 세상을 단순한 기준으로 잘라내는 거니까요. '바보와 가위는 쓰기 나름'이라는 속담은 이 '잘라내다'라는 느낌을 잘 표현한 것 같습니다. 그러므로 세상지식만으로는 너무 혼잡할 때, 전문지식으로 살짝 끊어주면 좋습니다. 그다음은 맨손으로 문제를 풀어내는 게 안전하다고 생각합니다.

세상지식의 정체

세상지식의 정체는 무엇일까? 요즘 시대에 그다지 평판이 좋은 말은 아니지만 '보통'이라는 단어가 사용될 때 작용하는

지식을 말합니다. "보통, 그러면 침울해지지요"라든가 "보통 그런 일이 있으면 학교에 가기 어렵죠"라든가. 이런 단어가 덧씌워지면 "아아, 그런가. 힘들다고 느끼는 건 내가 약해서가 아니구나"라고 생각할 수 있을 때 우리는 세상지식의 도움을 받습니다. 혹은 "보통은 말이야, 그럴 때는 발을 빼는 거야"라든가 "보통 그런 건 선생님한테 말해두면 어떻게든 해주셔"라는 조언을 듣고 '역시 다들 이런 식으로 헤쳐나가는구나'라고 깨달았을 때 당신은 세상지식을 배웠다고 할 수 있겠지요. 세상은 어떤 곳이고, 어떻게 하면 그런대로 살아갈 수 있는가. '모두'가 어느 정도 공유하고 있는 인식이나 지혜를 가르쳐주는 것이 세상지식입니다. 그러므로 그 '그런대로'에서 일탈하는 심한 일이 일어났을 때, 세상지식은 "그거 너무 심하군"이라고 말해줍니다. 혹은 세상지식은 '그런대로' 하기 위한, 구체적인 '꿀팁'을 가르쳐줍니다. 영어로는 'Worldly Wisdom'이나 'Wisdom of World'라고 합니다. 현자의 느낌이 있는 근사한 표현이군요.

우리는 자주 '세상 world'의 '보통'을 알지 못하게 됩니다. 특히 스트레스가 심해 괴로울 때 그렇습니다. 안정적일 때는 "그건 이상하지 않나요?"라며 지적하거나 거부할 수 있는 것도 압박을 느끼면 "보통은 이럴지도 몰라"라며 수용해버립니다. 무엇이 '보통'인가에 대해 수치화한 기준이 있을 리 없기 때문에 어렵습니다. 그러므로 "보통은 이렇지 않아요. 너무 심합니다"라든가 "보통 이럴 때는 도와주는 게 맞지요"라고 지적하는 건 상담심리사의 중요한 업무입니다. 놓치기 쉬운 '보통'을 회복시키고, 나침반을 되돌리도록 돕는 겁니다.

다만 세상지식이나 '보통'은 세계 공통이 아니라 국지적이라는 점이 중요합니다. '보통'은 복수로 존재하며 유일하지 않습니다. 예를 들어 초등학교 교사에게는 초등학교 교사의 '세상'이 있고, 네일아트 전문가에게는 네일아트 전문가의 '세상'이 있습니다. 어떻게 하면 그런대로 해나갈 수 있는지는 각각의 세상마다 전혀 다릅니다. 이를 혼동하면 비참한 일이 벌어집니다. '술자리에서 친목이 깊어진다'는 세상지식이 젊은 세대들에게 일종의 갑질이나 폭력이 되는 것은 다른 '보통'을 살아가고 있기 때문입니다. 다른 세상을 살아가는 사람에게 '보통'을 강요하면 상처를 주게 됩니다. 요즘 시대에 '보통'이라는 단어의 평판이 나쁜 것은 이런 이유 때문입니다.

'보통'은 독이 될 수도, 약이 될 수도 있습니다. '보통'이 독이 되는 것은 세상지식을 배제나 부정에 사용할 때입니다. 예를 들면 "보통 그 정도로 일해도 문제없어요"라고 할 때, 그 사람이 느끼는 힘겨움과 피폐함이 배제되고 맙니다. 이는 '보통'이라는 단어를 사용해 그 사람이 지닌 지금의 모습을 부정하고 다른 형태로 바꾸려는 것입니다. 세상지식의 잔혹한 쓰임새입니다. 이에 반해 약이 되는 것은 **포섭과 긍정을 위해 사용할 때**입니다. "보통 그 정도로 일하면 쓰러져요." 이때의 '보통'은 그 사람의 피폐한 부분을 포섭하는 데 사용하고 있습니다. 월 150시간 정도 잔업을 하고 있는데 자신은 그게 이상하다고 생각하지 않을 때, 이 '보통'은 그 사람의 고통을 긍정하도록 만듭니다.

이해의 힘

정리해봅시다. 사람을 고립시키는 '보통'은 나쁜 '보통'. 이에 반해 타자와 관계를 맺게 하는 '보통'은 좋은 '보통'. 자, 두 개의 '보통'을 나누는 기준은 무엇일까요? 이해를 불러오느냐, 아니냐입니다. 괴롭다고 이야기했는데 상대가 "그 정도는 보통이죠"라고 한다면 이해는 더는 깊어질 수 없습니다. 여기서는 이해가 '보통'이라는 단어에 묶여 있습니다. 그러면 사람은 더 깊이 고립됩니다. 그런데 "보통은 그렇지 않아요"라는 말을 들으면 자기가 얼마나 괴로웠는지를 스스로 깨닫게 되고, 타인에게 좀 더 적극적으로 알릴 수 있게 될지도 모릅니다. 이때 '보통'은 더 깊게 이해하고 관계를 끈끈히 하는 데 쓰입니다.

이해. 이게 중요합니다. 상담할 때 종종 "이해만으로는 아무 것도 변하지 않아요"라는 말을 듣습니다. "이야기를 들었다고 해서 변하는 건 없다"와 마찬가지입니다. 절망감이 배어 있는 말이지요. 분명 이해를 받는다고 해서 사람이 순식간에 바뀌지는 않습니다. '나를 이해해줬어!'라고 느낀 다음 날부터 행동이 변하는 건 드라마에서나 나올 법한 이야기이지 현실에서는 거의 일어날 수 없는 일입니다. **마음의 변화는 약한 불에 뭉근하게 익어가는 것처럼, 천천히 일어납니다.** 등교를 거부하는 소년을 예로 들어보면, 처음에 상담받으러 왔던 시점에 그는 외계인 같았습니다. 왜 학교에 가지 않는지, 무엇 때문에 괴로워하는지 주변 사람들은 이해하지 못합니다. 그러므로 주변에서는 힘을 북돋울 생각으로, 혹은 자극을 주고자 그에게 상처를 줍니다. 때로는 "사실은 그냥 땡땡이치고 싶은 거지?"라며 심한 말을 하기도 합니다. 그래서 점점 그 학생은 인간관계로부터 뒷걸음질 쳐 더 깊은 고립으로 빠져듭니다.

상담이 시작되자 조금씩 그를 이해할 수 있었습니다. 그의 마음속에는 학교에 가고 싶은 마음도 있다는 것, 학교에 갈 수 없는 자신을 정말 나쁜 아이라고 생각하고 자신을 책망하고 있다는 것, 주변 사람들도 자신을 탓한다는 사실을 느끼고 있다는 것. 애달픈 심정으로 살아가는 그를 점점 이해하게 됩니다. 물론 상담심리사가 이렇게 이해했다고 해서 순식간에 문제가 해결되는 건 아닙니다. 그 자신도 조금은 자신을 이해할지도 모르지만 자신을 책망하는 목소리를 멈추게 하는 데에는 이르지 못합니다. 하지만 상담심리사는 그 이해를 부모님이나 학교 선생님에게 전합니다. 그러면 그를 보는 눈이 조금씩 바뀝니다. 지금까지는 "배가 아프다"는 말을 학교에 가지 않기 위한 변명이라 여겨왔지만 이제는 그 말에서 정말 괴로워하는 그의 모습이 보입니다. 혹은 전날 책가방에 교과서를 가득 채워 넣던 모습이 부모님을 속이기 위해서가 아니라 학교에 가고 싶다는 마음으로 보이기 시작합니다. 그때 소년은 외계인이 아니라 '인간'으로 보입니다. 의미를 알 수 없던 존재가 마음이 있는 사람으로 보이는 겁니다. 그러면 주변은 그에게 눈살을 찌푸리지 않고 지켜줄 수 있습니다. 이 시간이 사람을 변화시킵니다.

외계인으로 지내는 나날은 사람을 천천히 멍들게 하지만, 인간적으로 보호받는 시간은 조금씩 마음을 회복시켜줍니다.

시간의 힘, 듣기의 힘

시간은 참 신비롭습니다. 시간이 가면 갈수록 사태가 악화하는 경우도 있지만 시간을 들임으로써 사태가 호전되는 경우도 있습니다. 그 분기점은 그 시간을 타자와 공유했느냐 아니냐입니다. 고립되어 있을 때는 스스로 뭔가 하려고 하므로 불필요하게 상황을 악화시키기 쉽습니다. 하지만 유대 관계가 탄탄하면 눈에는 잘 보이지 않을지 모르지만 작은 배려들이 많이 베풀어집니다. 유대 관계가 있을 때는 시간의 흐름이 치료가 되지만 그렇지 못할 때는 파괴가 됩니다. 시간을 살리는 것도 죽이는 것도 모두 유대 관계에 달렸습니다.

임상심리학 전문가로서 다양한 고도의 이론을 공부하면서 마음은 참으로 복잡하다는 걸 절감하는 한편, 유대 관계가 있느냐 없느냐라는 지극히 단순한 사실이 마음에는 결정적으로 중요하다는 걸 통감하는 나날입니다. 고도의 이론은 단순한 원리를 활용할 때 의미가 있다고 할 수 있겠습니다.

정리해봅시다. **모두가 염려하고 있다.** 그리고 본인도 잠시 그 염려에 의지할 수 있다. 이게 마음 회복의 핵심입니다. 다른 말로 하면 다음과 같습니다.

모두가 들으려 하고 있다. 그리고 본인도 나의 이야기를 누가 듣는 걸 두려워하지 않게 되었다. 이때 마음은 회복되어간다. 여기에 '듣기'의 힘이 있습니다.

대화를 책임지는 제삼자

가는 곳마다 대화가 중요하다는 말이 들리는 사회는 대화가
어려워진 사회다. 사회를 양분하는 이슈를 떠올려보자. 헌법이
나 역사 인식, 양육 수당, 왕실 결혼 혹은 코로나 시국의 송년회
제한 등 뭐라도 좋다.

사회에는 민감한 문제가 많고 입장이 다른 사람들이 방대한
말을 주고받고 있다. 증거와 사실관계, 논리와 이야기가 범람
한다. 하지만 말은 서로를 쓸데없이 날카롭게 만들 뿐, 전혀 뜻
이 전달되지 않는다. 그럴수록 서로가 더 강하게 주장해야 한
다고 생각하여 목소리는 더욱 커지고, 말은 돌덩이가 된다. 가
시가 돋친다. 이리하여 칼끝이 날카로워진 말들은 대화가 아니
라 대립을 깊게 만든다. 신문이나 잡지에서도 다른 두 가지 논
리를 싣기가 어려워졌다고 한다. 입장이 다른 의견을 같은 장
소에 두면 지면도 독자도 너무 예민해져서 전달해야 할 것마저

전달되지 않는 사태가 발생하는 거라고 생각한다.

*

전달 방법의 문제일까? 아니, '듣기'가 제 기능을 잃은 것이 문제다. 다른 두 의견을 병기한 지면을 바라보는 것처럼, 어려워진 대화를 밖에서 보고 있으면 **서로 줄곧 상대의 말을 오해**하고 있는 것처럼 보이기 때문이다. 이는 제삼자의 속 편한 소리일 것이다. 당사자들은 상대의 말을 필사적으로 들으려 하고 있기 때문이다. 그렇다면 무슨 일이 일어나고 있는 것일까?

예를 들어 옛 친구와 재회하여 다 같이 한잔하고 싶다는 이야기가 나왔다고 하자. 그는 당장 옛날 모임 멤버들에게 전화를 걸어 송년회 계획을 세우자고 말을 꺼낸다. 하지만 당신은 만일 코로나 확진자가 나오면 어떡하나 불안해진다. 그래서 다음에 해도 괜찮다고 에둘러 말한다. 그러자 상대는 갑자기 설득 모드가 된다. 현재의 확진자 수 상황을 근거로 "지금 정도면 괜찮아"라고 한다. 당신에게는 다소 경솔한 말로 들린다. 그래서 "아직 위험은 하지"라며 오미크론 변이에 대해 이야기한다. 불안하다고 분명하게 전한다. 하지만 상대는 듣지 않는다.

'지나친 걱정'이라며 예민해지기 시작한다. 그는 다른 사실을 꺼내며 "경제를 돌아가게 하는 것도 중요"하다는 말을 덧붙인다. 할 말이 없다. 적당히 둘러대고 그저 술자리를 갖고 싶은 게 아닌가. "사람의 목숨이 달려 있잖아. 생각이 있는 거야?" 이제 말에 돋친 가시는 숨길 수가 없다. 당연히 그는 표정이 굳는다. "사람 무시하냐?" 아, 대화는 엉망이다. 열심히 전한다고 전한 말이 곡해되고, 왜곡되고, 잘못된 추측을 거쳐 엉뚱한 답이 돌아온다. 그러므로 이야기를 들으면 들을수록 이 사람 이상한 게 아닌가 생각하게 된다. 들을 수 없게 되는 건 상대가 악마처럼 보일 때다. 상대가 하는 말 이면에 혐오할 만한 뭔가가 엿보이는 것이다. 그러면 **들리지 않는 것은 말의 내용이 아니라 바로 상대의 절실한 사정이다.**

송년회를 주장하는 이면에는 현재의 직장에서 고립되어 힘들어하는 그가 있다는 것. 혹은 송년회를 꺼리는 이면에는 가족이 의료 관계자여서 위험에 노출된 업무 환경을 염려해온 당신이 있다는 것. 이런 사정이 서로에게 전달되었더라면 어땠을까? 가시 돋친 말에서 악의가 아닌 절실함이 울리고 있음을 들었을 것이다. 하지만 한창 날카롭게 대립하고 있는 가운데, 상대의 사정까지 배려할 수 있을까? 한 번 말이 어긋나고 공격적이 되면 상대가 악마처럼 보이는 건 어쩔 수 없지 않을까?

그렇다. 그래서 처음 이야기를 듣는 역할은 제삼자가 해야한다고 생각한다. 대화는 둘이서만 하는 게 아니다. 당신의 절실한 사정을 뒤에서 들어줄 제삼자 그리고 상대에게도 역시 제사자가 필요하다. 여기에 '듣기'의 비밀이 있다. 듣기 위해서는 우선 누군가가 내 이야기를 들어주어야 한다. 아무도 내 이야기를 들어주지 않는다고 생각할 때, 사회는 적으로 가득한 위험한 곳으로 보인다. 그러면 당연하지만 타자는 악마로 보이기가 쉽다. 하지만 만약 누군가가 충분히 이야기를 들어주었다면 세상에는 이해해주는 사람'도' 있다고 생각된다. 그 신뢰감이 악마로 보이는 사람에게도 인간적인 사정이 있을지 모른다고 상상하게 한다. 이것이 '듣기'를 재가동시킨다.

*

이렇게 생각하니 다른 의견을 병기할 수 있는 곳에는 가치가 있다. 둘의 대립에 갇힌 이슈가 제삼자에게 열리기 때문이다. 물론 제삼자가 무조건 좋은 건 아니다. 강 건너 불구경하며 말만 늘어놓는 사람도 있을 테고, 중립을 가장한 채 강자의 편에 서는 사람도 있을 것이다. 하지만 개중에는 피치 못할 사정으로 대립하는 당사자들의 이야기를 옆에서 들으려 하는 제삼자도 나온다. 불구경도 아니고, 아군도 아니고, **옆에 서는 제삼자.** 이런 지지가 없으면 대화는 불가능하다. 대립에서부터 변혁이 탄생하는 것은 좋은 제삼자가 있을 때다.

어쩌면 당신은 사람을 돕는 일을 직업으로 삼고 있으니 그런 이상적인 이야기를 한다고 생각할지도 모르겠다. 하지만 본래 사회란 그렇게 당사자와 제삼자가 다양한 관계를 이루는 곳이 아니었던가. 사회란 세 명 이상의 사람이 모이는 곳에 비로소 생겨나는 것이므로.

〈아사히신문〉 2021년 12월 16일 조간 '오피니언'

식탁에 긴장감을 부르는 화제

마지막 장에서는 그렇다면 누구에게 이야기를 들어달라고 하면 좋을지 생각해보려고 합니다. 신문에 평론을 쓰면서 상담심리사로서 사회문제를 언급하는 건 상당히 어렵다는 걸 깨달았습니다. 개인적으로는 의견이 없지도 않고, 친구들과 종종 그런 이야기를 합니다. 하지만 상담심리사로서 글을 쓸 때는 기본적으로 의견을 진하게 드러내지 않으려 노력합니다. 물론 상담심리사 중에는 적극적으로 사회문제에 대해 발언하는 사람들도 있고, 그건 그 나름대로 중요한 일이라고 이해하고 있습니다. 다만 제가 몸담은 임상에서는 그렇게 하기가 어렵습니다. 왜냐하면 제 사무실에는 다양한 정치적 입장을 가진 내담자가 오기 때문입니다.

예를 들어 오전 첫 내담자는 올림픽 개최를 강행하려는 정부에 대해 분개했는데, 다른 내담자는 올림픽을 중지하면 지난 수년 동안 쌓아온 노력이 모두 물거품이 되는 게 아니냐고 한탄합니다. 모두 **절실한 사정**이 있습니다. 혹은 신자유주의를 강하게 지지하는 내담자를 생각해봐도 좋습니다. 그는 사람들은 훨씬 더 자립해야 하고 정부에 의존하면 안 된다고 열렬히 주장했습니다. 저는 개인적으로는 좀 더 의존할 수 있는 사회가 되기를 바라지만 말을 꺼내지 못하고 이야기를 듣고 있었습니다. 얼마 후, 화제가 바뀌었고 그는 어린 시절 엄격한 환경에서 자랐는데 도움을 요청했지만 매몰차게 거절당한 경험을 말하기 시작했습니다. 폭력을 휘두르던 부모, 용기를 내어 학교 선생님에게 상담을 신청했지만 "집안일은 집에서 해결해야지"라는 답을 들었을 뿐이라고. "사람은 자립해야 해"라고 말하는 그의 배경에는 의존이 허용되지 않고 자립을 강요받았던 과거가 있었습니다.

정치란 사람들의 **힘겨운 삶의 문제들을 해소해나가기 위해 사회를 움직이는 활동**입니다. 그러므로 각각의 정치적 입장의 이면에는 힘겨운 삶이나 상처가 내재한 경우가 종종 있습니다. 그것들이야말로 강한 정치 참여를 이끌어내기 때문에 당연합니다. 이런 이면의 이야기를 듣기 위해 치료자는 정치적 입장을 표명하지 않는 편이 좋습니다. 프로이트는 이런 치료자의 태도를 '중립성'이라 불렀습니다. 다만, 지금은 이에 대한 평판이 그다지 좋지 않습니다. 중립성은 결과적으로는 다수를 옹호하는 보수적인 자세라는 엄격한 비판도 있습니다. 실제로 그렇다고 생각합니다. 자기 의견을 표명하지 않는 데는 분명 언제든 도망치겠다는 비겁함이 숨어 있습니다. 그래서 괴롭기는 하지만 그래도 대화를 지속하는 데 중립성이 실제로 도움이 되기는 합니다.

식탁에서 정치 이야기나 종교 이야기는 하는 게 아니라고들 합니다. 정치는 흑이냐 백이냐, 확실히 입장을 밝히라는 압박이 있습니다. 그렇게 해야 사회를 움직여가는 힘이 생기기 때문에 시민으로서 어느 입장을 지지하는지 분명히 표명하는 것의 중요성은 말할 필요도 없습니다. 하지만 **입장이 다를 때, 식탁에는 긴장감이 감돕니다.** 수다의 주제로 삼기에 정치는 민감한 주제입니다. 좋아하는 영화에 관해서는 다른 의견들이 합의에 이르지 않아도 전혀 문제가 되지 않지만 정치에 관해서는 강한 스트레스를 받습니다. 자신이 지금 살고 있고, 내일도 거기서 살려고 하는 사회를 어떻게 하느냐, 라는 절실한 주제이기 때문에 당연합니다. 중립성이 도움이 되는 건 사람들을 긴장시키고, 수다를 중단할 정도의 격한 신념이, 어떤 사정에서 발생했는지 들으려고 할 때입니다. 흑이냐 백이냐 결론을 내리거나 그를 지지하는 증거, 논리에 관해 토론하는 게 아니라, 그 흑과 백의 이면에 있는 상처의 이야기에 귀를 기울이기 위해 우선 자기 의견을 저만치 밀어둡니다.

'말하면 안다'가 통용되지 않을 때

대화가 성립하지 않는 건 **서로가 악마처럼 보이기 때문**입니다. 그럴 때, 상대만 악마가 된 게 아니라 나 역시 '평소의 자신'이 아닙니다. 악마가 눈앞에 있는데 평온할 수는 없겠지요. 우리는 말로는 늘 용감하지만 본질적으로는 공포를 체험하고 있습니다. 그러므로 '말하면 안다'는 말은 성립하지 않습니다. 상대 말의 이면에는 악의나 오만함, 어리석음이 엿보입니다. 말을 나누면 나눌수록 상대에 대한 미움과 경멸이 더 심해집니다. 이럴 때 타자는 절대적인 적이 되어 있기 때문에 말하면 알기는커녕 말에 베이게 되므로 도저히 대화가 되지 않습니다. 상대가 악마로 보일 때, 우리 마음속에 과거에 만났던 **적에 대한 기억이 되살아난다**는 게 중요합니다. 과거의 색채가 현재를 물들이고 있는 겁니다.

소위 말하는 '트라우마'입니다. 지금 생각해도 싫은 온갖 일이 떠오르고, 당시의 기분이 음침하게 고개를 드는 상대가 당신에게도 있지 않은가요. 인생에는 '적'이라고밖에 할 수 없는 사람과 만나고 마는 때가 있는 법입니다. 문제는 트라우마가 자극을 받으면, 현재 눈앞에 있는 사람이 그 당시의 적만큼 악랄하게 보인다는 점입니다.

스탈린이나 폴 포트 같은 **독재자**도 그랬다고 생각합니다. 자기 사람 중에 배신자가 한 명 나오면 트라우마가 자극을 받습니다. 과거 적으로 둘러싸였던 기억이 되살아납니다. 그래서 눈앞의 배신자뿐 아니라 다른 이들도 자기를 싫어할 거라는 생각이 들면서 마치 자신이 악마에게 둘러싸인 것 같아집니다. 그래서 그냥 두지 못하고 숙청합니다. 그러면 이제 자신을 더 싫어하게 됐을 것 같으니 숙청은 멈추지 않고 계속됩니다. 스탈린에게 지배받던 사람들은 두려웠겠지요. 하지만 최초로 겁에 질렸던 사람은 바로 스탈린 자신입니다. 이럴 때 필요한 것은 **적이 아닌 사람**을 발견하는 겁니다. 한 명이라도 좋습니다. 누군가가 자기 편이라는 걸 알면 어두운 하늘에 빛줄기가 드리우듯 분위기가 바뀌기 시작합니다. 아직 하늘은 어둡지만 지금까지의 어둠과는 질이 다릅니다. 누군가가 괴로움을 알아주면 이제 더는 외톨이가 아닙니다.

마음은 이렇게 신비롭습니다. 한 사람이 알아주면 두 명, 세 명 알아주는 사람이 보이기 시작합니다. 그러면 적을 전멸시키지 않아도 내가 거처할 곳이 있다는 생각이 듭니다. 독재자도 누군가가 그의 이야기를 들어주었다면 좋았을 텐데요. 아니,

애초에 그런 생각은 하지 못하기에 독재자가 되는 걸까요.

마음속에 사는 유령, 트라우마

적의 문제는 중요하므로 좀 더 심도 있게 다뤄봅시다. 적으로 보였던 사람이 정말 악의가 있는 경우도 자주 있습니다. 그건 진짜 적입니다. 상대에게도 사정은 있겠지만 거기에 맞춰줄 필요는 없습니다. 학대를 받을 때가 그렇듯 진지하게 상대의 말을 들으려 하면 심신이 견디지 못합니다. 거리를 두든지, 누군가 권한이 있는 사람에게 호소하여 상대를 떼어놓든지. 아무튼 도망치는 게 답입니다. 세세한 건 **도망친 다음에 생각하면 됩니다.** 하지만 이런 문제로 적으로 보였지만 알고 보니 그렇게 나쁜 사람이 아닌 경우도 종종 있습니다. "유령인가 하고 잘 보니 마른 참억새더라"라는 속담이 있지요. 자기 마음에 유령이 살고 있을 때 평범한 참억새가 유령으로 보입니다. 이 구분이 참 어렵습니다. 이럴 때는 주변에 물어보는 게 좋습니다. **"이런 사람이 있는데 어떻게 생각해?"** 몇 명에게 물어보고 의견을 듣습니다. 그러면 참억새인지 유령인지 알게 됩니다.

자, 이 경우의 유령이란 무엇일까요? 과거 괴로웠던 인간관계에 대한 기억이고, 앞에서 말한 대로 트라우마입니다. 예를 들어 당신의 부모가 하나부터 열까지 관리하고, 통제하는 사람이라고 해봅시다. 그러면 직장 상사에게 어떤 주의를 들었을 때 유령이 되살아납니다. 그 상사가 자기 부모처럼 세세한 것까지 참견하는 사람처럼 생각되어 앞으로도 온갖 것을 개입하려는 심술궂은 사람으로 보이기 시작합니다. 상사가 유령으로 물들어버린 것입니다.

정신분석가 프로이트는 이런 현상을 '전이'라고 불렀습니다. 과거가 현재로 옮겨오는 겁니다. 당신이 지금 증오하거나 두려워하는 사람이 정말 그런 사람일까요? 아니면 단지 당신의 유령이 중첩된 걸까요? 이것이 인생의 다양한 국면에서 부딪히게 되는 난제입니다.

내 이야기 좀 들어줘

유령의 위력이 강력할 때는 대화가 어렵습니다. 말을 하면 할수록 상대가 적이라는 증거가 무한히 발견됩니다. 하지만 유령이 수그러들면 적으로 보였던 사람의 다른 측면이 보이기 시작합니다. 예를 들어 강력히 통제하려 하고 지배적이라고 생각했던 상사가 사실은 의외로 흐리터분한 성격이고, 사람이 좋아 참견을 잘하는 스타일이라는 걸 알게 될지도 모릅니다. 그럴 때 당신에게는 상대의 복잡한 모습이 보이기 시작합니다. 이렇게 되면 비로소 상사와 생산적인 대화가 가능해질지도 모릅니다. 결국, 대화가 성립하는 것은 서로의 복잡한 모습을 복잡한 대로 이해할 때뿐입니다.

그렇다면 어떻게 유령을 수그러들게 할 수 있을까요? 정해진 결론이지만 누군가가 내 이야기를 들어주어야 합니다. 그런데 이야기를 듣는 당사자가 그 상사는 아닙니다. 그와 이야기를 했다 해도 당장은 여전히 싫은 기분이 들 뿐입니다. 이야기 상대는 제삼자가 좋습니다. 친구에게 상사 이야기를 해봅시다. 가능한 한 길게 이야기하는 게 좋습니다. 예를 들어, 상사 이야기뿐 아니라 부모가 과도하게 통제했다는 것까지 이야기해봅니다. 그래서 자신을 조금이라도 통제하려는 사람은 굉장히 거부감이 든다고 말입니다. 결국, 유령이 수그러드는 건 상처 입은 마음을 누군가가 알아줄 때뿐입니다. 내게도 복잡한 사정이 있었다는 것, 본인 나름대로 절실했다는 것, 그런 마음을 누군가가 알아주고, **괴로운 마음을 의탁하면 우리 마음에는 공간이 생겨납니다.** 거기에 복잡한 나의 쉴 곳이 생기고, 타자의 복잡한 모습을 수용할 수 있게 됩니다. 괴로울 때는 이 메커니즘이 그다지 미덥지 않겠지만, 마음이 안정됐을 때는 실감할 수 있으니 참 신기합니다.

제삼자의 세 가지 유형

요즘은 제삼자가 이야기를 듣는 게 얼마나 도움이 되는지 잊기 쉽습니다. 아마 결과가 눈에 보이는 건 아니기 때문일 것입니다. 예를 들어 직장에서 고립되어 있던 그가 동창회에 참석하고 누군가가 그의 이야기를 들어주었다고 해서 고립 문제가 바로 해결되는 건 아닙니다. 이야기를 들어준 사람은 그의 직장과는 전혀 관계가 없으므로 현실적인 문제 해결에 도움이 될 리 없습니다. 이런 의미에서 제삼자는 힘이 없습니다. 그렇지만 말이죠, 누군가가 이야기를 들어주고 "그거 심했네"라든가 "잘 참고 있구나"라고 말해주면 정말 힘이 됩니다. 자신이 고립된 건 자기가 못나서 그런 거라고 생각했는데, 직장에도 잘

못이 있다고 생각하면 조금은 기운이 납니다. 누군가가 내 정당성을 알아준다고 생각하면 현재의 모습을 바꾸기 위한 행동을 취할지도 모릅니다. '듣기'는 현실에 직접적으로 작용하는 게 아니라, 마음에 작용합니다. 이건 간접 작용일지도 모르지만 최종적으로 현실을 바꿔갈 힘이 된다고 생각합니다. 이때 제삼자에는 세 가지 유형이 있다는 걸 상기하면 좋겠습니다.

첫째는 **사법적 제삼자**입니다. '객관성'이라고 바꿔 말해도 좋습니다. 이야기를 듣고, 상황을 파악하고, 옳고 그름을 판단해주는 제삼자입니다. 그런 사람의 시선은 아무래도 위에서 아래로 내려다보기 때문에 가까이에 있으면 아니꼬울 수도 있지만 유산 상속 문제처럼 상황이 복잡할 때는 그런 제삼자가 도움이 됩니다.

둘째는 **중재적 제삼자**입니다. 중재적 제삼자의 역할은 중립성을 지킴으로써 비틀어진 당사자들 사이를 바로잡는 것입니다. 당사자들끼리 더는 대화를 할 수 없게 되었을 때, 이 제삼자가 있다면 대화의 물꼬를 트거나 대립 중이더라도 용건을 마칠 수 있습니다. 전쟁 중에 중립국에서 하는 포로 교환이 바로 중재적 기능입니다.

그리고 마지막으로 **친구 같은 제삼자**입니다. 사법적 제삼자가 위에 서고, 중재적 제삼자는 한가운데 서지만 친구 같은 제삼자는 당사자들의 옆에 서 있습니다. 아니, 뒤라고 해도 되겠네요. 즉, 다툼과는 떨어진 곳에서 뒷이야기를 듣는 것이 친구라는 뜻입니다. 분명 친구 같은 제삼자는 힘이 약합니다. 사법적 제삼자, 중재적 제삼자가 직접 현실에 영향을 미쳐 현실을 바꿔줄 가능성이 있는 데 비해 친구 같은 제삼자는 간접적입니다. 관계없는 장소에 있으며, 할 수 있는 일은 듣는 것뿐입니다. 능력이 부족해 보일 수도 있습니다. 하지만 그렇기에 친구 같은 제삼자에게는 유리한 점도 있습니다. 직접 현실에 관여하지 않기 때문에 친구는 우리들 옆에 서서 이야기를 들을 수 있습니다. 자기 몸에 내려앉는 불티를 신경 쓰지 않고, 우리의 분노와 두려움 옆에 있어줍니다. 우리는 이럴 때에만 본심을 이야기할 수 있습니다. 마음을 생각하면 의견이 같은 동료가 많은 것보다 친구가 한 명 있는 편이 더 소중하지 않을까요? 물론 현실적으로는 중간이 많은 편이 여러모로 힘이 될 것 같지만 중간은 이해가 일치하지 않게 되면 적이 되어버립니다. 입장이 다르거나 생각이 다르거나 이해관계가 일치하지 않아도, 그래도 친교 관계가 지속될 수 있다는 게 친구의 좋은 점입니다.

"이럴 때도 있고 저럴 때도 있지만 너는 역시 좋은 녀석이

야." 이렇게 말해주는 사람이 한 명이라도 있으면 도움이 됩니다. 마침 인생의 고비에 있다면 더더욱 좋지요. 그런 의미에서 이 책의 '듣기론'은 사실 친구론이기도 합니다. 가족도 동료도 아닌 친구. 이런 제삼자가 뒤에서 조용히 알아주는 것의 가치를 저는 모든 수단을 동원해 역설하고 있습니다.

누가 내 이야기를 듣는 것만으로도

이 책의 배경은 '자원이 한정된 사회에서 그래도 함께 살아가기 위해 어떻게 하면 좋을까?'라는 물음입니다. 사회에는 심각한 갈등이 다양하게 존재하고, 사람들의 이해관계는 대립하고 있습니다. 자원에 여유가 있다면 불이익을 당하는 사람들을 한 사람씩 돌볼 수 있지만, 하나를 손보면 다른 곳에서 결핍이 생기고 맙니다. 그러므로 다양한 목소리가 나와도 그 목소리는 잘 들리지 않습니다. 들어야만 하는 쪽 역시 자기 문제를 안고 있고, 위협당하고 있다고 느끼기 때문입니다.

예를 들어 올림픽 개최나 감염 예방 대책, 백신 접종 모두 찬반양론이 있었습니다. 모두 절실한 이유를 이야기했을 테지만 코로나 시국에는 저마다 궁지에 몰린 입장이라 자신과는 다른 견해에 귀를 기울일 여유가 없었습니다. 서로가 상대 진영을 악마처럼 여기고, 자신들의 소리를 들어달라고 절규했습니다. 이렇게 되면 사회는 분열되고, 결국은 힘으로 억누를 수밖에 없습니다.

자원이 한정된 사회란 이런 겁니다. 생각해보면 일본은 코로나 이전부터 여유가 없고, 약자의 목소리에 응하려면 고령자의 자원을 삭감할 수밖에 없고, 지방의 목소리에 응하려면 도시의 자원을 감축할 수밖에 없는 상황에 놓여 있었습니다. 하지만 당연히 고령자에게는 고령자의 사정이 있고 도시에는 도시의 어려움이 있을 터라 균열이 깊어지게 됩니다. 일본만이 아닙니다. 트럼프 현상도 그렇고, 브렉시트(영국의 유럽연합 탈퇴)도 마찬가지였습니다. 세계 곳곳에서 심각한 분열이 발생하고, 양진영 모두 자기 목소리가 들리지 않는다고 호소하고 있습니다.

필요한 것이 대화임은 자명합니다. 자원은 한정되어 있기 때문에 대화하고 조정하고, 타협점을 찾아야만 합니다. 그런데 이럴 때일수록 대화가 어렵습니다. 이해관계가 첨예하게 대립하고 있을 때, 우리는 상대의 이야기에 귀 기울일 수 없습니다. 말을 하면 할수록, 상처가 깊어지기 때문입니다. 우리 마음에는 '적인가 아군인가'라는 상상력이 작용하여 서로를 악마화합니다. 내 이야기를 듣는 사람이 없을 때, 주변은 온통 적으로 보입니다. 시야가 좁아지고 불안감이 강해지고 생각하는 힘이 약해집니다. 대립은 마음을 멍들게 하고, 자신과 주변에 상처를 주는 행동을 하고 맙니다. 대립하는 문제에 대해 당사자끼리 대화를 하는 게 얼마나 어려운 일입니까? 대부분의 가정 내 불화가 대화로 해결되지 않고, 대화하려다 오히려 상황이 악화하는 것과 마찬가지입니다. 이럴 때 도움이 되는 게 잠시 거리를 두는 것이며, 떨어진 장소에서 배려를 거듭하는 시간입니다. 대화로 문제 해결이 시작되는 게 아니라, **대화가 가능한 상태가 되는 것**이 최종 목표입니다. 이를 위해 제삼자의 듣는 힘이 필요합니다.

당사자 간의 대화가 시작되기 전에는 제삼자가 각 당사자의 이야기를 잘 들어야 합니다. 친구가 내 이야기를 들어주고 절실한 사정을 알아주기 때문에 나를 전혀 알아주지 못하는 남편의 변명도 한번 들어볼까 하는 마음이 생기는 겁니다. 테이블에 앉기까지가 어렵습니다. 누군가가 충분히 내 이야기를 들어주고, 내 이야기에도 정당성이 있다는 믿음을 얻은 후에야 비로소 타자의 이야기에 귀를 기울일 준비가 됩니다.

당사자이자 제삼자

그렇다면 구체적으로 누구에게 이야기를 들려주면 좋을까요? 친구 같은 제삼자는 누구일까요? 이게 어렵습니다. 그야 뭐, 가까이에 신뢰할 수 있는 친구가 있다면 가장 좋겠지요. 하지만 '친구'라는 호칭에 난색을 보이는 사람이 많을지도 모릅니다. '저 녀석이 친구인가…… 정말 친구라고 할 수 있을까…….' 이렇게 생각하기 시작하면 친구는 한 명도 없는 것 같은 기분이 듭니다. 그래서 결국 누구에게도 이야기할 수 없게 됩니다. 어릴 적에는 공원에서 30분만 놀아도 친구가 될 수 있었는데, 어른이 되니 몇 년이나 책상을 나란히 두고 일했는데도 전혀 친구가 될 수 없다니 희한한 노릇입니다. 친구의 기준이 너무 높아진 것일지도 모릅니다. 마음 깊은 곳부터 허물없고, 절대 배신하지 않을 거라는 확신이 없으면 '절친(절친한 친구)'이라고 생각하기 어려울지도 모르겠습니다. 하지만 말이죠, 친구 같은 제삼자의 방점은 '제삼자'에 있습니다. 문제에서 조금 떨어진 곳에 있는 누군가라는 건 도움을 요청하면 기본적으로 친절하게 응해준다고 생각하지요. 그리고 친절을 주고받는 관계를 우리는 '친구'라고 부른다고 생각합니다. 그러므로 **누구라도 좋습니다.** 동료나 상사라도 좋고, 거래처 사람도 좋고, 동네 세탁소 사장님도 좋습니다(물론 가족도 좋습니다). 방황하는 마음을 조금 내보이기 바랍니다. 그들에게 이야기를 들려주는 체험의 축적이 당신에게 새로운 친구를 만들어줄 겁니다. 아니, 그래도 도저히 이야기할 상대가 떠오르지 않을 때도 있습니다. 그럴 때는 옆에서 속 시원히 이야기하라고 조언을 해도 곤란하겠지요. 그렇다면 결국은 부탁할 수밖에 없습니다.

당신이 먼저 시작하세요. 당신이 제삼자로서 누군가의 이야기를 들어주세요. 이것이 '듣기'가 돌고 돌며 순환하기 위한 첫걸음이라고 생각합니다. 우리는 모두 자기 인생의 당사자입니다. 인생에는 다양한 어려움이 있고, 그 안에는 불합리한 일들도 많습니다. 우리는 당사자로서 자기 일은 가능한 한 스스로 결정하려고 고군분투하고 있습니다. 그럴 때는 누군가에게 이야기를 할 수 있다면 도움이 됩니다. 적어도 관계를 맺게 해줍니다. 우리를 고립에서 꺼내줍니다. 그러면 우리에게 생각하는 힘이 되돌아옵니다. 하지만 동시에 우리가 항상 당사자인 건 아닙니다. 세상은 넓고, 세상에는 나와 상관없다고 생각되는 것이 많습니다. 유라시아 대륙 저편에서 전쟁이 일어나고 있고, 아파트 다른 층 어느 방에서는 비극이 일어나고 있습니다. 우리는 제삼자이고 아무런 행동도 취하지 못한 채 향방을 지켜볼 수밖에 없습니다. 하지만 이야기를 들을 수는 있습니다. 어쩌면 마음이 개운치 않을 수도 있습니다. 당사자가 비참한 상황에 놓여 있음을 이야기하고 있으면서 나는 안전지대에 있다는 사실에 말이죠. 불필요한 참견이라 생각하면 어쩌나, "알지도 못하면서"라고 하면 어쩌나, 이렇게 세세한 이야기까지 들어도 되나.

하지만 **사람은 의외로 참견에서 도움을 받는다**고 생각합니다. 생각지도 못한 곳에 관계의 실마리가 있습니다. 상상도 못한 사람이 나를 걱정해주고 있었다는 걸 깨닫습니다. 이 세상에 친구라고 할 만한 사람이 있었다는 사실이 놀랍습니다. 누군가가 이야기를 들어줍니다. 그것이 작게 웅크리고 있던 마음을 부풀게 해주고, 마음이 다시 움직이기 위한 공간을 만들어줍니다.

당사자일 때는 이야기를 들려주고, 제삼자일 때는 이야기를 들어줍니다. 입장은 바뀝니다. 어느 때는 이야기를 하는 입장이었는데, 어느 때는 듣는 입장이 됩니다. 내가 '들려주는 기술'을 사용할 때도 있거니와 '들려주는 기술'을 사용하는 사람을 발견해 "무슨 일 있었어?"라고 물을 때도 있습니다. 이렇게 '듣기'가 돌고 돌며 순환할 때야 비로소 '사회'가 성립할 수 있는 게 아닐까요? 부족이나 촌락 같은 작은 운명 공동체밖에 없던 시절에는 모두가 당사자였습니다. 공동체가 원활하게 굴러가지 않으면 공멸하니까요. 하지만 도시가 생기고, 세상이 넓어지고, 서로가 서로를 모르고, 책임을 지지 않는 개인이 등장하고 나서 '사회'가 생겨났습니다.

제삼자의 등장이야말로 '사회'의 발생입니다. 따라서 '사회' 문제에 임하기 위해서는 듣는 제삼자가 필수적입니다. 당사자끼리 링 위에서 피를 피로 씻는 싸움을 할 수밖에 없고, 상처투성이가 될 때 링 옆에서 제삼자가 이야기를 들어줍니다. 이런 시간이 있기 때문에 마음을 다잡고 다시 한번 링으로 돌아와 대화를 이어갈 수 있습니다. 괴로운 대화 끝에, 어딘가에서 타협점을 찾기 위해서는 그 이면에서 누군가가 알아주어야 합니다. **"억울하겠군요" 하고 누군가가 말해주기 때문에** 우리는 억울한 마음을 조금 누그러뜨릴 수 있게 됩니다.

듣는 기술, 들려주는 기술

"괜찮아?"

"별로 괜찮아 보이지 않는데, 졸린 거야?"

"언제부터 컨디션이 안 좋았어?"

"무슨 일 있었어?"

'듣는 기술'의 본질은 **'들려주는 기술'을 사용해 머뭇거리는 사람**에게 이렇게 말을 거는 데 있습니다. "무슨 일 있었어?"라고 먼저 말을 걸면서 이야기가 시작됩니다. 내 이야기를 누군가가 들어준 후, 그 사람은 얼마간 회복하고 위기를 넘길 수 있을지도 모릅니다. 그러면 다음은 그 사람이 머뭇거리고 있는 다른 누군가에게 "무슨 일 있었어?"라고 말을 걸 수 있습니다. 어느 순간, 목소리가 당신에게 말을 겁니다. "무슨 일 있었어?"

제삼자로서 누군가의 이야기를 듣고 있었을 당신이 이번에는 당사자로서 누군가가 머뭇거리고 있는 모습을 본 겁니다. 듣기가 순환한다는 건 바로 이런 겁니다. '듣는 기술'과 '들려주는 기술'은 한 세트이고, 돌고 돌아야 합니다. 그러지 않으면 아무리 '들려주는 기술'을 익혔다 해도, 이야기를 들어줄 타자가 당신을 발견하지 못하겠지요. 그리고 이야말로 지금 우리

사회가 처해 있는 곤경이라고 생각합니다. 눈에 힘을 주고 주변을 살펴보세요. 사회 곳곳에서 머뭇거리고 있는 사람을 발견할 수 있을 겁니다. 아니, 머뭇거리는 정도가 아닙니다. 불안한 나머지 폭주하거나, 아픈 나머지 타자를 공격하고야 마는 사람도 '들려주는 기술'을 사용하고 있습니다. 거기에는 아무도 들어주지 않은 긴 이야기가 있습니다. 누군가가 듣기를 기다리면서요. "무슨 일 있었어?"라고 말을 걸고, 그들이 안고 있는 복잡한 사정을, 천천히 시간을 갖고 듣기 바랍니다. 흑이냐 백이냐 같은 극단적인 결론만이 아니라, 그 이면에 있는 **회색의 긴 이야기**에 귀를 기울여주세요.

아니, 아닙니다. 사실은 당신만 '들려주는 기술'을 사용하고 있겠지요. **이 책을 읽고 있다는 것** 자체가 그 증거입니다. 당신은 '듣기'와 관련해 뭔가 어려움을 느꼈기 때문에 이 책을 읽어야겠다고 생각했을 것입니다. 그러므로 역시 들려주기부터 시작합시다. 우리는 누군가가 내 이야기를 제대로 들어주고 있을 때라야 남의 이야기를 들을 수 있습니다. 내 이야기를 듣는 이가 없으면 타인의 이야기를 들을 수 없습니다. 필요한 건 머뭇머뭇하며 "이야기 좀 들어줄래?"라고 말하는 겁니다. 누군가에게 이야기를 들려주세요.

아니, 그러면 안 될지도 모릅니다. "이야기 좀 들어줄래?"라고 말하기 위해서는 주변에 "무슨 일 있었어?"라고 말해줄 만한 사람이 있어야 합니다. 희망이 없는데 도움을 요청할 수는 없으니까요. 그렇다면 먼저 필요한 것은 '듣기'일지도 모릅니다. ……듣는 기술…… 하지만…… 들려주는 기술…… 그렇지만…… 듣는 기술…… 그래도…… 들려주는 기술…….

아아, 이야기가 제자리에서 맴맴 도는군요. 그건 분명, **이 책이 끝나려고 하기 때문**일 겁니다. '듣기'와 '들려주기'가 순환하도록 하기 위해 '듣기'와 '들려주기' 중 무엇을 맨 처음 움직이게 하면 좋을지 몰라서 저는 지금 제자리에서 맴맴 돌고 있습니다. 여기가 **이 책의 종착점**입니다. 어느 쪽이든 상관없습니다. 당신에게 가능한 것부터 시작할 수밖에 없습니다. 누군가의 이야기를 들어줘도 좋고, 누군가에게 당신의 이야기를 들려줘도 좋습니다. 어느 쪽부터 시작해도 '듣기'는 분명 돌고 돌 테니까요. '들어줄 수 없다'와 '들려줄 수 없다'라는 악순환을, '듣기'와 '들려주기'라는 순환으로. 이 사회는 이를 위한 첫걸음이 필요합니다. 그리고 저는 작은 도움이라도 되기를 바라는 마음으로 이 책을 썼습니다. 그러므로 이제는 **독자인 당신**에게 맡기고 이 책을 마치려 합니다. 듣기의 힘을 믿고 말이죠.

세상에는 '듣는 기술'에 대한 책이 어마어마하게 많습니다. 저는 그 책들을 잔뜩 사서 읽어보았습니다. 그 결과 그 책들이 주장하는 바는 '쓸데없는 말을 하지 말고 적절한 질문을 하자'로 귀결된다는 사실을 깨달았습니다. 맞습니다. 매일 상담을 하면서 실감한 것과 완전히 일치했습니다.

누군가의 이야기를 듣고자 한다면 상대에 맞춰 '쓸데없는' 말을 하지 말고 '적절한' 질문을 하자. 이게 본질입니다. 그런데 결론이 너무 절망적인가요? 우리는 무엇이 '쓸데없는' 말이고, 무엇이 '적절'한 말인지 모르니까요. 일본도 장인에게 "어느 정도의 힘으로 철을 두드려야 하나요?"라고 물으니 "이 정도면 딱 알맞다는 느낌으로 하면 됩니다"라고 답하는 것과 같습니다. 본질은 잔혹합니다. 결국 **'정도의 문제'**가 되어버려서 필요할 때 도움이 되지 않습니다.

자, 이제 노하우 이야기를 해보도록 하죠. 상담심리사들 사이에서 공통적으로 인정받는 몇 가지 노하우가 있으니 소개해보겠습니다. 노하우의 장점은 의욕이 생긴다는 점입니다. 정도의 문제라면 자신이 없어지는데, 여러분이 내일부터 사용할 노하우는 '시도라도 해볼까' 하는 생각이 듭니다. 노하우이기는 하지만 기술은 기술입니다. 누군가의 이야기를 듣기 위해 이제부터 나오는 노하우를 활용해보세요. 우선 소개할 열두 가지 노하우는 다음과 같습니다.

❶ 상대가 시간과 장소를 정하게 하자.

❷ 눈썹으로 말하자.

❸ 솔직하게 말하자.

❹ 침묵에 강해지자.

❺ 대답은 느리게 하자.

❻ 일곱 가지 맞장구를 치자.

❼ 상대의 말을 되풀이해 호응하자.

❽ 감정과 사실을 세트로 묶어서 질문하자.

❾ '모르겠어요'를 사용하자.

❿ 상처 주지 않는 말을 생각하자.

⓫ 아무것도 떠오르지 않을 때는 질문을 하자.

⓬ 또 만나자.

자, 전문 상담심리사들이 평소에 사용하는 사소한 노하우는 대체 뭘까요?

상대가 시간과 장소를 정하게 하자

시작부터 본질로 들어가는 것 같기도 한데, 이야기를 듣기 위해 가장 중요한 건 설정입니다. 설정이란 예를 들면 시간이나 장소를 말합니다. 이야기를 나눌 시간이 얼마나 있느냐에 따라 이야기할 내용이 달라집니다. 기본적으로 지속해서 만나고 시간이 길수록 이야기도 깊어집니다. 장소도 여럿이 있는 개방된 곳인지, 둘만 있는 공간인지에 따라 다릅니다. 기본적으로 둘만 있는 공간이 깊은 이야기를 하기에는 좋지만 개방된 곳에서 더 안전하게 대화할 수 있습니다. 개방된 장소는 나중에 '말하지 말걸' 하고 후회할 이야기를 하지 않게 된다는 장점이 있습니다. 그러므로 누군가의 이야기를 신중하게 들어야 한다면 어디에서, 얼마간 이야기하면 좋을지 상대가 정하게 하면 좋습니다. 상대에게 결정권을 줍시다. "어디서 이야기할까?" "시간은 어느 정도면 좋을까?" 하고 묻는 게 첫 번째 노하우입니다. 상대가 알맞은 장소와 시간을 제안할 겁니다.

눈썹으로 말하자

장소와 시간이 정해졌다면 다음은 노하우 중의 노하우, 눈썹입니다. 제가 아는 어떤 상담심리사는 '얘기를 듣는 데 눈썹이 중요'하다며 눈에 힘을 주고 단언합니다. 특별히 눈썹이 아니어도 좋습니다. 이야기를 들을 때 반응을 크게 하는 편이 좋다는 뜻이니까요. 눈썹이 좋은 점은 눈썹을 올리거나 찌푸리거나, 표정이 두 가지밖에 없기 때문에 대단히 단순하며 마음대로 조절할 수 있다는 거죠.

여러분도 잘 짓는 표정이 있을 겁니다. 움직이기 쉬운 부위를 최대한 활용해보세요. 눈을 크게 뜨거나 입을 꼭 다물 수도 있습니다. 귀와 코는 거의 움직이지 않으므로 도움이 되기 어렵지만 콧구멍을 벌름거리는 사람이 있을 수도 있겠네요. 그리고 상체를 내미는 듯한 자세를 취하며 반응할 수도 있습니다. 결론은 '반응하고 있다'는 게 중요합니다. 반응이 있으면 사람은 기쁜 법이니까요. 눈썹이 휙 올라가는 것만으로도 자기 이야기를 제대로 들어주고 있는 것 같아 더 많은 이야기를 하고 싶어집니다.

하지만 거짓은 안 됩니다. 눈썹은 마음에 일어난 느낌을 약간 과장해서 표현하는 거지, 아무 느낌도 없는데 눈썹만 움직여서는 안 됩니다. 눈썹 운동을 하려는 건 아니니까요. 또는 반대로 평소에는 눈썹을 잘 움직이는 사람이 그때만큼은 눈썹이 움직이지 않는 것도 훌륭한 커뮤니케이션입니다. 이야기가 잘 전달되지 않는다는 걸 움직이지 않는 눈썹이 말해주거든요. 그러면 상대는 부연 설명을 하겠지요. 아무튼 눈썹이 말하게 합시다. (코로 말하게 할 수 있다면 그것도 좋습니다.)

솔직하게 말하자

거짓이 안 된다는 건 중요한 이야기이니 조금 더 자세히 해보겠습니다. 윤리적 문제 때문에 안 된다는 게 아닙니다. 이야기를 멈추게 하기 때문입니다. 거짓말을 하면 하는 쪽의 마음이 위축됩니다. 그래서 이야기가 풍성해지지 못하죠. 그리고 나중에 거짓이 탄로 났을 때 말한 상대를 오히려 후회하게 만드는 것도 큰 문제입니다.

단, 기분을 모두 솔직하게 말해야 한다는 뜻은 아닙니다. 말하기 어려운 문제는 말하지 않아도 됩니다. '말하지 않는 것'은 거짓말이 아닙니다. 마음에도 없는 소리를 하면 안 된다는 거죠. 그러므로 조금이라도 그런 생각이 든다면, 일부러 좀 더 크게 표현할 수 있다는 뜻입니다. 무조건 자기편을 들기를 바라는 대화를 예로 들어봅시다. 상대가 "내가 잘못했다고 생각해? 그 사람이 잘못했다고 생각해?"라고 물었을 때, 질문을 한 사람이 90퍼센트 잘못했는데도 다른 사람이 10퍼센트를 잘못한 경우에는 "그 사람이 많이 잘못했네"라고 말하면 됩니다. 적어도 그 10퍼센트에 대한 생각은 진심이고, 그렇게 말하지 않으면 그 사람은 이야기를 계속하지 않을 테니까요. 하지만 10퍼센트도 그렇게 생각하지 않는다면 아무 말도 하지 말고 "흐음" 하며 침묵을 지키는 게 좋습니다. 솔직하게 말합시다. 100퍼센트 솔직하지 않아도 되니까요.

침묵에 강해지자

노하우의 진수인 침묵에 관해 이야기해봅시다. 침묵을 늘리는 것만으로도 이야기를 들을 수 있습니다. 학생들에게 상담 방법을 가르치는 수업이 있습니다. 상담사 역할과 내담자 역할로 나누어 역할극을 하도록 하는데 이때 학생들이 가장 취약한 게 바로 침묵입니다. 상담사 역할인데 계속 말을 하거든요. 왜냐하면 어색한 침묵이 흐르는 게 두려워서죠. 상대의 말이 끊기는 타이밍에 뭔가 말을 해야 한다는 강박관념이 있는 것 같습니다.

요즘은 누군가가 말을 하면 적당한 틈에 끼어들어 분위기를 띄워야 한다는 사교성을 강요하는 분위기가 있는지도 모르겠습니다. 그러면 현장의 분위기는 밝고 활발하게 유지될지 모릅니다. 하지만 유감스럽게도 이야기는 들을 수 없습니다. 노래방과 비슷하군요. 누군가가 노래를 부를 때 이 노래가 끝나면 뭐라고 감상을 이야기해줄까, 다음 노래는 뭘 부를까. 이런 생각을 하고 있으면 노래는 전혀 귀에 들어오지 않으니까요.

듣기 위해 필요한 건 침묵입니다. 내가 이야기를 꺼내고 상대가 반응하게 하는 게 아니라, 상대가 먼저 이야기를 꺼내도록 해야 합니다. 중요한 이야기를 하기 전에는 어색한 법이므로 어느 정도 침묵을 견딜 필요가 있습니다. 우선 잠자코 있다가 **기회를 만듭시다.** 야구처럼 말이죠. 테니스라면 공이 팡팡 오가지만 야구는 투수도 매번 심사숙고한 다음 공을 던집니다. 그래서 전체적인 경기 속도가 느립니다. 정보 교환을 위한 대화는 속도가 빠른 게 효율적일지 모릅니다. 하지만 힘든 마음을 듣고자 한다면 대화의 속도는 느린 게 좋습니다. 침묵이 많은 대화에는 마음이 녹아들기 마련입니다.

대답은 느리게 하자

앞에서 침묵의 중요성을 말씀드렸지만 노력해도 침묵을 견디지 못하는 사람도 있기 때문에 그런 사람을 위한 노하우를 알려드리겠습니다. 네, 맞습니다. '대답은 느리게.'

상대의 말이 끝나자마자 바로 말하지 말고, **5초 동안 기다립시다.** 머릿속으로 숫자를 세어도 좋지만 그러면 숫자 마니아 같으니 상대가 한 말의 내용을 되새겨보면 좋겠죠. 이런 뜻으로 이야기한 건가 아닌가, 뭐라고 말할까, 이렇게 말하면 괜찮을까 등을 생각합니다. 바로 이 시간이 자연스럽게 침묵이 되지요. 어색한 분위기를 정말 못 견디는 사람이라면 "음–"이라도 하면서 '나, 지금 생각하는 중이야'라는 분위기를 풍기는 것도 추천합니다. 시도해보세요. 5초 정도는 상대가 기다려줄 것이고, 기다리지 못하는 사람은 아마 이어서 이야기를 하겠지요. 그러면 상대의 주도로 대화가 진행됩니다.

일곱 가지 맞장구를 치자

이번에는 대답할 내용에 대한 노하우를 알려드리겠습니다. 일단 맞장구를 치는 겁니다. 제가 학생 때 배웠던 선생님이 《전문 상담사의 듣는 기술プロカウンセラーの聞く技術》이라는 베스트셀러를 쓰셨는데, 그 책에 '일곱 가지 맞장구'라는 말이 있었습니다. 상대가 대화 중에 일곱 가지 정도의 맞장구를 쳐주면 내 이야기를 잘 들어주고 있다는 느낌이 든다는 얘기입니다.

"음–" "흐음" "역시" "그래요?" "정말?" "그렇죠" "그럴 만하네요"처럼 말이죠. 이렇게 글로 써놓고 보니 바보처럼 보이지만, 꽤 맞는 이야기랍니다. **반응을 크게 하든 작게 하든 원리**

는 같습니다. 맞장구가 달라질 때마다 마음이 제대로 반응하고 있다는 게 전해지니까요. 참고로 저는 맞장구를 칠 때 세 가지 정도의 표현을 사용합니다. 해가 가면서 점점 가짓수가 줄어들고 있네요. 친구 사이라면 "음-" 하나만으로 충분할 수도 있습니다. 무지개처럼 다채롭고 깊이 있는 "음-". 근사하지요.

상대의 말을 되풀이해 호응하자

이번 편은 일곱 가지 맞장구의 응용편인데 임상심리학 분야에서 예전부터 내려오는 비법입니다. 미국의 임상심리학자인 칼 로저스 Carl Rogers 의 상담 기법이 일본에서 유행하던 시기에 많이 회자되기도 했지요.

상대의 말을 되풀이하라. 상대가 "슬퍼요"라고 하면 "슬프시군요"라고 되풀이하는 거죠. 이 역시 바보처럼 들리겠지만 의외로 효과가 좋습니다. 상대에게 무슨 말을 해야 좋을지 모르겠다거나 침묵하기 어려울 때, 5초 동안 생각했는데 아무 생각도 떠오르지 않을 때 활용하면 유용합니다. 상대의 이야기를 되풀이하는 것만으로 대화가 이루어지다니 신기합니다. "거인은 구글이죠"라고 하면 뭐라 대꾸해야 할지 모르겠지요. 그때 "아, 구글 말이군요"라고 되풀이합니다. 그러면 "맞아요, 그러니까 말이죠"라고 상대는 이야기를 이어나갑니다.

다만 이건 마지막 수단이랄까, **비법이기 때문에 위험 요소도 있습니다.** 노하우라는 낌새가 강하거든요. 이런 비법을 연발하면 오히려 자신을 무시하냐며 화를 내는 경우도 있습니다. 평범하게 대답할 수 있을 때는 평범하게 대답하는 게 좋다고 생각합니다.

제 경우에는 "○○가 맞나요?"와 같이 응용하기도 합니다. 그대로 되풀이하는 게 아니라 살짝 **변화**를 주는 거죠. 상대의 말을 다른 말로 표현하기도 하고 똑같이 되풀이하기도 합니다. 이 방법은 꽤 괜찮습니다. 만약 잘못 이해하고 있을 때는 상대가 더 정확한 뉘앙스를 가르쳐주게 되니까요. 그리고 대화에 오해나 엇박자가 생겼을 때는 그렇다는 사실을 공유하는 게 좋습니다. 그 지점부터 이야기는 더욱 깊어집니다.

감정과 사실을 세트로 묶어서 질문하자

지금부터는 이야기를 듣기 위한 질문에 대해 생각해보죠. 어떤 노하우를 활용하면 좋은 질문을 할 수 있을까? 질문의 기본으로 '자세히 묻기'만 한 게 없습니다. "좀 더 자세히 가르쳐줘요"가 기본 노하우입니다. 일단은 이렇게 물어보면 되는데, 한발 더 나갈 수도 있습니다.

상대가 기분을 말하고 있을 때 "구체적으로 무슨 일이 일어난 거죠?"라고 사실을 묻습니다. "남자 친구하고 심각한 일이 있어서 너무 피곤했어"라든가 "상사랑 관계가 힘들어"라고 말해도 무슨 이야기인지 알 수가 없지 않습니까. 그러니까 "무슨 일이 있었는데?"라고 물어서 구체적인 에피소드를 이야기하도록 하면 좋습니다.

거꾸로 상대가 사실만을 자세히 말할 때는 기분을 물어봅니다. "친구하고 놀러 가는데 늦게 와서 2시간이나 기다렸어요"라고 하면 자동반사적으로 "너무했네요!"라고 말하고 싶어도 5초만 참아주세요. 그리고 "어떤 생각이 들었어요?" 하고 물어봅니다. 어쩌면 그는 "굉장히 여유로운 시간이었어요"라고 말할지도 모릅니다. 그러면 지금까지 몰랐던 그의 마음이 보이기 시작합니다. 마음은 사실과 기분을 함께 말할 수 있을 때 전해져옵니다. 하지만 평소의 우리는 사실이나 기분 중 하나만을 말하는 경향이 있습니다. 그러면 상대에게 마음이 전해지지 않습니다. 그건 또 그것대로 나쁘지 않습니다. 일상의 커뮤니케이션에서는 상대에게 마음이 전해지지 않도록 하는 게 안전하니까요. 그렇지만 말이죠, 당신이 진지하게 상대의 이야기를 들으려고 한다면 양쪽이 세트처럼 짝을 이루도록 질문을 합시다. 기분을 말하고 있다면 사실을 묻고, 사실을 말하고 있다면 기분을 묻습니다. 이게 질문을 잘하는 노하우입니다.

'모르겠어요'를 사용하자

하나 더, 이건 기본 노하우보다 조금 더 높은 레벨일 수도 있는데 심도 있는 질문을 하기 위해 도움이 되는 건 "모르겠어요"라는 말입니다. 상대의 이야기를 들었는데 잘 모르겠을 때는 대화가 깊어질 수 있는 기회입니다.

예를 들어 상대가 "중간고사에서 85점밖에 못 받아서 죽고 싶어요"라고 말했다고 칩시다. 거짓말이 아니고 정말로 괴로울 거라는 생각은 들지만(참고로 **상대를 정직하다고 가정하는 것**도 중요한 노하우입니다) 내 입장에서는 85점이나 받았다면 충분하고, 무엇보다 중간고사 시험을 망친 정도로 죽을 필요까지는 없다고 생각합니다. 왜 그런 말을 하는지 잘 이해가 되지 않습니다. 이럴 때 아는 척을 해서는 안 됩니다. 정직하게 말합시다.

"내가 85점이면 높은 점수라고 생각할 거 같은데 왜 죽고 싶다고 생각하나요?"라고 질문하는 게 좋습니다. 그러면 "95점 이하면 스마트폰을 압수당하거든요"라고 말을 꺼낼지도 모릅니다. 대화 중에 그 아이의 독특한 가정환경이 드러나기 시작합니다.

남의 이야기를 들을 때, 상대의 말을 부정하지 말고, 곧이곧대로 받아들여야 한다고 생각할지도 모르지만 그렇지 않습니다. 모를 때는 "모른다"라고 말해야 합니다. 다만 "모른다"라고 말하면서 상대를 부정해서는 안 됩니다. 그건 어디까지나 자신과 상대가 다른 점을 명확히 하는 말입니다. **"나라면 이렇게 생각할 것 같은데 왜 당신은 그렇게 생각하나요?"**라고 물으면 상대가 자신에 관해 이야기하기가 쉬워집니다.

상처 주지 않는 말을 생각하자

이야기를 듣다 보면 의견을 말하고 싶어질 때가 있습니다. 듣는 기술에 관한 책에는 '자기 의견을 말하지 마라, 무조건 들어라'라고 쓰여 있는 책도 많지만 저는 의견이 있다면 말해보는 게 좋다고 생각합니다. 상대의 이야기를 일방적으로 듣기만 하는 것보다 상대에게 자기 의견을 명확히 말해주는 편이 제대로 들어준 느낌이 들기 때문입니다.

이럴 때의 노하우는 "……라고 생각하는데, 어떻게 생각해?"처럼 **어미를 의문형으로** 하는 게 좋습니다. 그러면 만약 의견이 다른 경우 말하기가 쉬워집니다. 강요만 하지 않는다면 의견을 말함으로써 더 많은 이야기를 들을 수 있다고 생각합니다.

다만, 주의해야 할 점이 있습니다. 의견을 말할 때는 5초가 아니라 10초 동안 생각합니다. 20초도 좋습니다. 곧바로 반응하지 말고 천천히 생각한 다음에 말을 꺼냅니다. 이때는 상대에게 상처 주지 않는 말을 생각합니다. 자기 대사를 머릿속에서 가능한 한 퇴고하세요. 상대에게 상처 주지 않는 말을 찾는 일 자체가 상대의 마음을 생각한다는 걸 의미합니다. 그런 시간은 대단히 귀중합니다. 만약 상처를 줄 것 같은 말밖에 생각나지 않는다면 30초든 1분이든 퇴고를 위해 시간을 들이세요. 상대는 기다려줄 테고, 더는 기다릴 수 없게 되면 새로운 대화를 시작합니다. 그러면 당신은 다시 '듣기'로 돌아가면 됩니다.

자기 의견은 다음에 말하면 됩니다. 그때는 상처 주지 않을 말이 떠올랐을 수도 있고, 별로 할 필요가 없는 말이었다는 걸 깨달을 수도 있습니다.

아무것도 떠오르지 않을 때는 질문을 하자

하지만 내가 의견을 꼭 말해야만 하는 상황도 있습니다. 상대가 의견을 물을 때죠. "어떻게 하면 좋을까요? 가르쳐주세요." 이렇게 도움을 요청하면 역시 성실하게 답해야 하겠죠. 이것이 이야기를 듣는 책임이라는 겁니다. 문제는 당신에게 이렇다 할 의견이 없을 때입니다. 그럴 때 우리는 초조한 나머지 자신도 확신하지 못하는 의견을 말해버리는데, 그럴 때는 잠시 멈추고 질문을 합니다. "뭘 알고 싶은 건가요?", "뭘 묻고 싶은 거죠?"와 같은 질문을 하면 좋습니다. 결국 답하기 어려운 질문이란 건 질문하는 쪽도 자신이 무엇을 묻고 싶은지 잘 모를 때가 많고, 이쪽도 상대가 한 질문의 의도를 제대로 헤아리지 못할 때가 많습니다. 상대가 좀 더 말을 하도록 하여 충분히 이해가 갈 때까지 듣기를 계속해야 합니다. **질문에 질문으로 답하라,** 이것도 중요한 비법입니다.

또 만나자

자, 지금까지 다양한 노하우를 소개했는데 드디어 마지막으로 노하우 끝판왕을 알려드리겠습니다. 이야기를 듣기 위해 정말 도움이 되는 것은 다시 한번 만나는 겁니다. 다시 한번 만날 때 이야기는 반드시 더욱 깊어지고 숙성되기 마련입니다. 한번 이야기를 듣고 문제가 해결되는 경우는 거의 없고 말을 하면 할수록 답답한 기분이 듭니다.

그럴 때는 잠깐 쉬었다가 가는 게 좋습니다. 무리하지 않습니다. 그 자리에서 문제를 해결하려 하지 않습니다. "나도 생각해볼 테니 다시 만나요. 언제 한가해요?"라고 묻습니다. 다음 약속이 있으면 사람은 생각하는 힘이 솟습니다. 기다려주는 사람이 있다는 건 큰 힘이 됩니다. 당장은 생각나지 않는 말도 일주일 동안 생각하면 말의 형태를 갖추기도 합니다.

시간이 해결해줍니다. 그러니까 잘 들어주지 못하는 것 같을 때는 다시 만나기로 합니다. 결국은 이 방법이 최고라고 생각합니다. 듣기의 달인보다 듣는 건 서툴러도 끈기 있게 시간을 쌓아주는 사람에게 결국 의지하지 않을까요?

노하우, 그 너머

어떤가요? 지금까지 말한 노하우가 여러분이 이야기를 듣는 데 조금이나마 도움이 되면 좋겠습니다. 그런데 사실은 문제가 있습니다. 노하우는 여유가 있을 때만 활용할 수 있습니다. 여유가 없으면 노하우 같은 건 생각할 여유도 없습니다. 그렇지 않나요? 게다가 여유가 있을 때는 노하우 따위 없어도 우리는 남의 이야기를 잘 들을 수 있습니다. 왜냐하면 '듣기'는 모두가 평소에 늘 하는, 인간의 기본적인 행위이기 때문이죠. 아시겠습니까? 이 부분이 어려운 겁니다. 이야기를 잘 들을 수 없기 때문에 당신은 듣는 기술이 필요합니다. 하지만 듣지 못하는 건 당신이 여유를 잃어버렸기 때문이며, 그럴 때는 노하우를 배워도 제대로 활용할 수 없습니다. 세상에 떠도는 듣는 기술이 안고 있는 근본적인 모순이 여기에 있습니다. 그렇다면 노하우 이상이 필요합니다. 우리는 노하우 저 너머로 가야 합니다.

그렇다면 여유가 사라지는 건 언제일까요? 답은 간단합니다. **상대와 관계가 어려워졌을 때**입니다. 짜증 나는 동료의 이야기, 사이가 삐걱대는 이성 친구나 배우자의 이야기, 대립 관계에 있는 동료 선수의 이야기. 이들의 이야기를 우리는 듣지 못합니다. 머리로는 5분만 참자고 생각하지만 1초도 기다리지 못하고 그 자리에서 맞받아치고 맙니다. 그뿐만이 아닙니다. 상대도 편한 상태가 아닙니다. 상대의 말을 그대로 되풀이하는 방법이라도 사용할라치면 바로 짜증을 냅니다. 자세히 묻는 노하우를 사용하면 "왜 이런 것도 모르냐"라며 귀찮아합니다.

듣기의 본질은 상대와의 관계성에 있다는 뜻입니다. 관계가 좋으면 이야기를 들을 수 있고, 관계가 나빠지면 이야기를 들을 수 없게 됩니다. 이야기를 들을 수 없는 건 기술이 없어서가 아니라, 관계가 나빠졌기 때문입니다. 그러므로 다음과 같이 물어야 합니다. 상대와의 관계가 나빠졌을 때, 그래도 이야기를 들으려면 어떻게 하면 좋을까요?

답은 간단합니다. 앞에서도 여러 차례 이야기한 바와 같이 **우선은 내 이야기를 들려주는 것부터 시작합시다.** 내가 타인의 이야기를 들을 수 없을 때는 누군가가 당신의 이야기를 들어주어야 합니다. 여기에 '듣기'의 비밀이 있습니다.

내 이야기를 듣는 사람이 없을 때, 우리는 남의 이야기를 듣지 못하게 됩니다. 따라서 이야기를 들을 수 없을 때 필요한 건 '듣는 기술'이 아니고 내 이야기를 '들려주는 기술'입니다. '들려주는 기술'이라니. 말장난 같죠? 이건 '말을 잘하는 기술'이 아님을 미리 강조합니다. 상대가 내 이야기를 들어주지 않을 때, 우리는 흔히 자기 언변이 나쁘기 때문이라고 생각하는데, 이건 큰 착각입니다. 〈테드TED〉처럼 유튜브YouTube 등의 인터넷 플랫폼에서 볼 수 있는 대중 강연이나 업무상의 프레젠테이션에서라면 '말 잘하는 기술'이 필요하겠지요. 당신이 팔고 싶은 상품의 매력, 당신이 생각해낸 아이디어의 기발함, 아니면 당신의 멋진 모습을 잘 표현하여 사람들이 긍정적으로 생각하게 만들 필요가 있습니다. '말 잘하는 기술'은 자기 강점을 전달하기 위한 기술입니다. 하지만 지금 우리에게 필요한 건 강점이 아니라 약점을, 멋진 부분이 아니라 한심한 부분을 이해하게 하는 기술입니다. 그러므로 요점을 정리하고, 논리적으로, 알기 쉽게 이야기할 필요는 없습니다. 우리는 괴로운 것에 대해서는 잘 말하지 못하니까요.

중요한 건 똑똑한 머리가 아니라 망설이는 마음입니다. 혼란스러운 마음이 밖으로 새어 나가면 주변 사람들은 걱정하며 "무슨 일 있었어?"라고 묻습니다. 여기까지 오면 된 겁니다. 그다음은 두서없는 이야기를 천천히 말하면 됩니다. 그러므로 '들려주는 기술'은 '나를 걱정하게 하는 기술'이라 할 수 있습니다. 주변 사람들이 무슨 일인지 물어보고 싶게 만드는 겁니다. 이때 변화하는 건 자신이 아니라 주변 사람들입니다. 환경을 변하게 하는 게 '들려주는 기술'의 본질입니다. 그렇다면 구체적으로 어떻게 이 기술을 쓰면 좋을까요? 물론 그런 기술은 임상심리학 교과서에도 쓰여 있지 않습니다. 하지만 20년 가까이 상담 분야에서 잔뼈가 굵은 터라 제 나름대로 어느 정도 축적된 것들이 있습니다. 지금부터 그동안 제가 경험에서 보고 들은 노하우를 여러분과 나누고자 합니다. 우선 간단히 소개해 보겠습니다.

일상에서 ▶

❶ 옆자리에 앉자.

❷ 화장실은 함께 가자.

❸ 같이 퇴근하자.

❹ 화상회의에는 마지막까지 남아 있자.

❺ 같이 모닥불을 쬐자.

❻ 단순 작업을 함께 하자.

❼ 험담을 해보자.

긴급 상황에서 ▶

❽ 미리 주위에 말해두자.

❾ 사연이 있는 듯한 표정을 짓자.

❿ 화장실에 자주 가자.

⓫ 약을 먹고, 건강검진에 관해 이야기하자.

⓬ 검은색 마스크를 써보자.

⓭ 지각을 하고 기한을 어기자.

왠지 수상해 보이지만 내 이야기를 듣게 만드는 노하우들, 편하게 읽어주시기 바랍니다.

일상에서 ▶

'들려주는 기술'은 크게 둘로 나뉩니다. 하나는 상대가 내 이야기를 들어주는 관계를 만들기 위해 평소에 신경 써야 하는 기술이고, 다른 하나는 정말 곤란한 일이 생겼을 때 내 이야기를 듣게 하기 위한 기술입니다. 평소에 주변을 정비해두는 기술과 긴급 시에 SOS를 치기 위한 기술이라 해도 좋습니다. 어느 것이든 그야말로 노하우에 불과하고 솔직히 보잘것없는 이야기 같기도 하지만 일단 일상의 노하우부터 시작해봅시다.

옆자리에 앉자

무엇보다 중요한 게 옆자리에 앉는 겁니다. '수고 많으세요' 라고 한마디 건네며 옆자리에 털썩 앉아보세요. 예를 들어 대학 강의실이나 자율 좌석제를 실시하는 회사 혹은 어떤 강연회에 참석했을 때 우리는 본능적으로 인적이 드문 곳에 자리를 잡는 경향이 있지만 과감하게 모르는 사람 옆에 앉아봅시다. 말을 할 필요는 없습니다. **앉아 있기만 해도 괜찮습니다.** 옆에 있다는 건 힘이 있습니다. 세 번 정도 연속해서 옆자리에 앉으면 친밀감이 생겨 자연스럽게 가벼운 대화가 시작됩니다.

화장실은 함께 가자

다음은 화장실에 함께 가봅시다. "좋아요, 같이 가 줄게요" 정도의 느낌이겠지요. 꼭 '용변'에 방점이 찍힌 건 아니니까 점심 식사 후 같이 양치질을 해도 좋고, 장소를 화장실에서 흡연실로 대체해도 좋습니다. 용변이든 양치질이든 흡연이든 협력해서 하는 일이 아니고, 기본적으로 혼자서 하는 일입니다. 그런데 이유는 모르겠지만 함께 간다는 게 재미있습니다. 혼자서도 할 수 있는 일을 함께 하면 그때부터는 이야기꽃이 활짝 피기 시작합니다.

같이 퇴근하자

자, 이제 단계를 올려볼까요? 같이 퇴근해요. 학교에서든 직장에서든 아니면 강연회 후든 뭐라도 좋으니 정류장이나 역까지 함께 가는 겁니다. 저는 이게 참 어렵습니다. 얼마 전에도 상담이 끝나고 밖으로 나왔을 때 상담해드린 분과 미묘한 분위기가 되고 말았습니다. 이제 어떻게 해야 하지? 하는 느낌이었죠. 그래서 결국 2초를 못 참고 "저는 담배 한 대 피우고 가겠습니다" 하고는 도망치고 말았습니다. 그 후 사흘 정도는 같이 갈걸 그랬다고 깊이 후회했습니다. 사실은 이야기를 좀 더 나누고 싶었거든요. 가만히 생각해보면 미묘한 분위기가 되는 건 상대도 망설이고 있다는 뜻입니다. 뒤풀이에 가도 되고 안 가도 되는데 만약 가자고 하면 가볼까, 처럼요. '들려주는 기술' 차원에서는 같이 식사하자고 하면 가장 좋은데 아직 부담스러울 때는 일단 상황을 봐야 합니다. "어느 역에서 타세요?"라고 물었으면 좋았을 겁니다. 집에 가는 길은 긴장이 풀리기 때문에 평소에는 하지 못했던 말이 나옵니다. 이 효과가 극대화될 때가 여행에서 돌아오는 길입니다. 실컷 놀아서 몸은 노곤합니다. 그런데 고속도로는 정체되어 있고 시간은 더 걸릴 것 같습니다. 이럴 때 당신이 조수석에 앉아 있다면 절대로 잠이 들어서는 안 됩니다. 운전하는 사람한테 예의가 아니라서가 아니라 평소에는 하지 않을 이야기가 시작될 수도 있기 때문입니다. 피곤하고 무료한 시간일수록 방황하는 마음을 드러내는 법이죠.

화상회의에는 마지막까지 남아 있자

이번 노하우는 화상회의 같은 온라인 모임에서 마지막까지 퇴실하지 않는 겁니다. 최근에는 화상회의에서도 고도의 매너가 형성되고 정착되고 있어 호스트는 회의가 끝났다고 해서 바로 화면을 끄지 않습니다. 사람들이 서서히 하나둘 퇴실하고 이제 거의 나갔구나 싶을 때 화면이 꺼집니다. 정신과 의사인 제 친구는 카메라를 켜둔 채, 꼭 마지막까지 남는다고 합니다. 잘 모르는 사이지만 두세 명만 남았을 때 갑자기 대화가 시작되는 경우가 있는 것 같습니다. 회의에 대한 감상이나 세상 이야기, 다 같이 있을 때는 하지 못한 말들을 하는 겁니다. **예전에는 복도에서 흔히 볼 수 있었던 모습이지요.** 전에는 오늘 회의는 너무 길었다는 둥 복도에서 불만을 이야기했는데, 코로나 시대에는 불가능하니 화상회의에서 마지막까지 화면을 켜두고 남아서 이를 대체하자는 이야기입니다.

같이 모닥불을 쬐자

결국 들려주는 기술의 포인트는 머쓱한 시간을 참고 함께하는 데 있습니다. 할 이야기가 없는데 옆에 있으면 결국은 평소에는 하지 못하던 이야기가 시작된다는 게 요점입니다. 이런 점에서 가장 강력한 게 모닥불입니다. 불꽃이란 건 그냥 보고만 있어도 꽤 오래 있을 수 있습니다. 게다가 같은 방향을 보고 있다는 점 또한 좋습니다. 마주 보고 있으면 격식을 차리게 되지만, **옆에 나란히 앉으면 자기도 모르게 말이 술술 나오거든요.** 그런데 이게 만약 별이라면 싫증이 납니다. 별은 거의 움직이지 않고, 보고 있으면 목도 아프거든요. 일출과 월출은 눈 깜짝할 새에 끝나버리고요. 바다도 좋을 수 있습니다. 꽤 변화무쌍하고요. 아니면 테마파크에서 나란히 줄을 서 있는 것도 나쁘지 않습니다. 그런데 모닥불을 함께 쬐는 관계라면 '들려주는 기술' 따위 사용하지 않아도 이미 이런저런 이야기를 나눌 수 있는 사이일 수도 있기 때문에 **이 기술은 난센스일 가능성**이 있을 거 같군요.

단순 작업을 함께 하자

모닥불 쬐기와 같은 이유로 추천하고 싶은 게 단순 작업입니다. 머리를 전혀 쓰지 않고 할 수 있는 것. 대학에서 근무할 때, 입학식이나 졸업식 전에 유인물을 40종 정도 봉투에 담는 작업을 했는데 처음에는 이런 건 웹에서 전부 다운로드할 수 있게 만들면 되지 싶어 짜증이 났습니다. 그런데 일단 시작하니 의외로 재미가 있더군요. 같은 과 동료와 함께 유인물을 한 장씩 집어 봉투에 넣는 작업을 했는데 제 손가락이 건조해서 종이가 잘 안 집어지니까 학과장이 "도하타 선생, 너무 느려요!"라고 뒤에서 압박했습니다. 그래서 제가 "난폭 운전은 안 됩니다" 했더니, 학과장이 "부릉부릉!" 하며 엔진 소리를 내더군요. 순간 웃음바다가 됐지요. 그때부터 분위기가 부드러워지면서 다들 한마디씩 불평했던 기억은 좋은 추억으로 남아 있습니다.

문화제 준비나 학부모교사연합회PTA의 인쇄 작업, 꽃구경 가서 좋은 자리를 찾을 때 등등. 뭐든 좋습니다. 뭔가 하고 있지만 머리는 텅 비어 있을 때, 상대는 이야기를 들을 준비가 되어 있을 확률이 높습니다.

험담을 해보자

자, 마지막으로 조금 진지한 조언을 해볼까요. 상대방이 내 이야기를 들어줄 시간이 생겼다면 용기를 내서 험담도 해볼 수 있습니다. "그 사람, 말이 좀 길죠?"라든가 "왜 이렇게 귀찮은 일을 해야 하는 걸까요?"처럼요. 내가 마땅찮아하는 일은 다른 사람도 그렇게 생각하는 경우가 생각보다 많습니다. 그리고 사람은 함께 동일 대상을 험담하면서 더 가까워지는 법이거든요. 왜 그럴까요? 험담이라는 것은 자기가 싫었던 경험을 이야기 하는 것으로, 그건 똑똑한 머리가 아니라 방황하는 마음의 언어이기 때문입니다. 험담, 불평, 싫었던 것. 가볍게 해본 이 이야기가 계기가 되어 지금까지 똑똑한 머리끼리 주고받던 대화가 단박에 방황하는 마음끼리의 대화로 변합니다. **불평이야말로 진정한 인간적인 언어입니다.**

이상으로 상대가 내 이야기를 듣게 하기 위한 노하우를 소개 했습니다. 이 노하우들의 바탕에는 몸의 커뮤니케이션이 있습니다. 두 몸이 가까이 있고 멍하고 애매한 상황에 놓여 있습니다. 그럴 때 보통은 입에서 제멋대로 말도 안 되는 이야기가 튀어나오고, 귀는 자동으로 그 말을 받아들입니다. 몸이 제멋대로 커뮤니케이션을 시작하는 거죠. 멋쩍은 시간을 잠시 참고, 당신의 몸을 타인의 몸과 함께 둬보세요. 언뜻 쓸모없어 보이는 시간의 축적이 사람과 사람을 사이좋게 만들어줍니다. 그러고 보니 이 노하우들은 친구를 만들기 위한 기술이기도 하군요. 이야기를 들려주는 기술은 일상에서 **전혀 모르던 타인을 가벼운 친구로 변화시키는 기술**이라고 할 수 있습니다.

긴급 상황에서 ▶

자, 일상의 관계성을 어느 정도 다져놓은 듯하니 이제 긴급 상황의 노하우로 넘어가겠습니다.

사실 '들려주는 기술'의 본질은 무슨 일이 생기고 곤경에 처했을 때 "내 말 좀 들어줘"라며 주변에 말하는 겁니다. 알고 보면 이게 전부지요. 하지만 이게 어렵습니다.

정신과 의사인 마쓰모토 도시히코松本俊彦 박사가 쓴 《'도와줘'를 말하지 못하다「助けて」が言えない》라는 책이 있는데, 정말 도움이 필요한 때일수록 우리는 '도와줘'라는 말을 하지 못하게 됩니다. 그러므로 '들려주는 기술' 긴급 상황 편은 "내 말 좀

들어줘"라고 말로 하지 않아도 주변에서 "무슨 일 있었어?"라고 물어보게 하는 기술입니다. 자, 이제 이런 상황을 만드는 노하우를 소개하겠습니다.

미리 주위에 말해두자

이건 노하우라기보다는 본질적인 것이지만 중요한 내용이라 쓰도록 하겠습니다. 위기에 빠지기 전에 앞으로 긴급 상황이 생길지도 모른다고 주변에 예고해둡시다. 결국 **치료보다 예방이 유효하다**는 뜻입니다. 어떤 문제가 생기는 중이라든가 어려운 일에 도전할 예정이라든가 불편한 일이 생길 것 같으면 앞으로 곤란해질지도 모른다고 주위에 미리 말해둡시다. 구체적으로는 이렇게 말하면 됩니다. "아직은 괜찮은데 앞으로 무슨 일이 생길지도 몰라요. 그때는 상담 좀 해주세요."

부탁을 받은 쪽도 기쁠 겁니다. 사전에 알고 있으면 마음의 준비도 되고, 자기가 의지가 된다는 느낌이 드는 것도 긍정적입니다. 그 사람은 무슨 일이 있었냐고 진심으로 물으며 자기가 할 수 있는 지원을 해줍니다. 그러면 사태는 최악까지는 치닫지 않고 생각보다 잘 해결될 수 있습니다.

주변의 염려에는 큰 힘이 있습니다. 하지만 **"내 말 좀 들어봐"라고 말하지 못하는 우리에게는 장벽이 높을지도 모릅니다.** 그러므로 지금부터는 아무런 준비도 안 됐는데 긴급 상황에 처했을 때의 노하우를 소개하겠습니다.

사연이 있는 듯한 표정을 짓자

사연이 있는 듯한 표정을 지어봅시다. 아니, 사연이 있는 건 맞으므로 무리해서 생글생글 웃지 않으면서, 괴로운 표정 그대로 직장이든 학교든 가봅시다. 앞에서 다룬 '듣는 기술' 부분에서 눈썹이 말하게 하자고 했는데, 회사에서 미간을 찌푸리고 있어보는 겁니다. 아니면 머리 손질을 하지 않고 학교에 가거나 맨얼굴로 출근하는 방법도 괜찮습니다. 외모에 신경 쓰지 않은 모습을 보이면 주변 사람들은 "무슨 일 있어?"라고 물어보고 싶은 법입니다. 저는 이 방법을 꽤 잘 활용합니다. 대학에 근무했을 때는 **죽어가는 얼굴로 출근**을 했습니다. 그러면 동료 선생이 자양강장제 드링크를 사다 주거나 일의 부담을 줄여주는 등 친절하게 대해줍니다. 귀찮은 녀석이라 생각할지도 모릅니다. 저도 그렇게 생각하고요. 민폐만 끼친다며 다들 저를 피곤해했을 가능성도 큽니다. **뭐 그래도 '그럼 어때' 하는 마음**도 있습니다. 실제로 저는 귀찮은 녀석이고, 그때는 정말로 피폐해져 있었으니까요. 정말 많은 분이 챙겨준 덕분에 살았습니다. 이런 체험 덕분에 지금은 제가 누군가의 도움이 되어야겠다고 생각합니다. 돈이 돌고 도는 게 좋은 경제이듯 돌봄 역시 사람과 사람 사이를 돌고 도는 게 바람직합니다.

화장실에 자주 가자

이 연장선에 있는 게 화장실에 자주 가는 기술입니다. 일부러 가지 않아도 됩니다. 하지만 복통이거나 빈뇨 증상이 있을 때 우리는 웬만하면 참으려 하지 않나요? 배설과 관련된 문제는 아무래도 부끄럽게 생각하는 경향이 있기 때문에 수업 중이라든가 회의 중에는 필사적으로 참습니다. 하지만 그럴 때는 주저 말고 가야 합니다.

화장실에 갈 권리는 인권이기도 하고, 그뿐만 아니라 화장실에 자주 가는 모습을 보면 걱정이 되기 때문입니다. 누구나 그런 괴로운 경험을 한 적이 있기 때문에 "괜찮아?"라고 물어봅니다. 마찬가지로 몸 상태가 좋지 않을 때는 솔직하게 말하세요. 몸 상태가 좋지 않다는 것은 마음의 상태가 좋지 않다는 걸 대변해줍니다. 의료인류학에서 동아시아에서는 **우울감이라는 것이 마음의 위축이 아닌 몸의 조화가 깨지는 형태로 흔히 나타난다고** 이야기합니다. 예를 들어 등교를 거부하는 아이들 대부분은 배가 아프다, 머리가 멍하다, 아침에 못 일어나겠다 등 몸으로 증상이 나타나 학교에 가지 못하게 됩니다. 거꾸로 말하면 우리는 마음을 치유하는 데는 서툴고, 몸을 치료하는 데는 비교적 능숙합니다. 염려를 받는 입장에서도 몸에 대해서는 더 안심하고 치료를 받습니다. 몸은 보살핌을 이끌어내기에 좋은 매체라고 할 수 있을지 모르겠습니다. 그리고 배가 아프다는 이야기를 할 수 있다면 이어서 "사실 일주일 전부터 우리 집에……"와 같은 개인적인 이야기를 할 수 있을지도 모릅니다.

그런데 코로나 이후, 몸 상태가 좋지 않으면 감염 위험인물처럼 인식되고 있어 몸이 안 좋다는 말도 하기 어렵게 되었습니다. 아, 유감이군요. 몸이 안 좋을 때도 걱정과 위로를 받지 못하니 대체 언제 받아보나요.

약을 먹고, 건강검진에 관해 이야기하자

다음은 노하우 끝판왕인데, 사람들 앞에서 약을 먹는 것도 추천합니다. 점심 식사나 회의 전에 네 종류 정도의 약을 먹고 있으면 "어디 아파?"라고 물어보기 마련이니까요. 그다음은 건강검진 수치 이야기로 넘어가는 거죠. 이것도 최고입니다. 저는 한때 은사님과 관계가 약간 껄끄러웠던 적이 있습니다. 제가 괜한 피해의식을 가졌을 가능성도 있는데, 어쨌든 서로의 생각이 달라 왠지 관계가 매끄럽지 않았습니다. 하지만 오랜만에 만났을 때 제가 먼저 "얼마 전 건강검진을 했는데 간 수치가 높게 나왔더라고요"라고 말을 꺼내자 은사님이 자기는 저의 몇 배가 더 높다고 하면서 그때부터 서로의 건강을 염려하는 이야기를 주고받았습니다. 생각이 달라도 서로 건강을 염려하기 시작하면 사이가 좋아질 수 있습니다. 젊었을 적에는 연세 드신 분들이 건강 이야기만 하는 게 이상했는데 제가 생각이 짧았습니다. 지금은 건강 이야기를 주고받는 것은 서로 존재 자체를 돌보고, 사회를 유지하는 고도의 지혜라고 생각합니다.

검은색 마스크를 써보자

걸모습을 바꾸는 방법도 좋습니다. 평소에는 하얀 마스크를 하는 사람이 어느 날 갑자기 검은 마스크를 하고 나타난다면 "웬일이야?" 하고 말을 걸고 싶어집니다. 머리를 싹둑 자르거나 노란색으로 염색을 하거나 머리를 빡빡 미는 것도 강력한 효과가 있어서 괜찮을 것 같습니다. 수염을 깎거나 귀를 뚫거나 콘택트렌즈를 안경으로 바꿔보는 것도 괜찮을 것 같군요.

말도 안 되는 소리라고 할지도 모릅니다. 하지만 핵심은 변화를 주변에 알리는 것입니다. 무슨 일로 괴롭다든가 어떤 일이 일어났다는 건 말로 하기가 어렵습니다. 뭐라고 말해야 할지 자기도 모르기 때문에 괴로운 것이므로 **주변에서 걱정해주고 말로 표현할 때까지 기다려야** 합니다. 그러므로 "도와줘"라고 말하는 대신 검은 마스크를 씁니다. 걸모습을 바꿔 자신이 말로 표현할 수 없는 문제를 안고 있다고 드러내는 겁니다. 일단 이상한 넥타이나 이상한 티셔츠라도 사보면 어떨까요?

지각을 하고 기한을 어기자

무엇보다 강력한 방법은 실수를 저지르는 겁니다. 이건 '들려주는 기술' 중에 가장 중요한 방법입니다. 예를 들면, 지각을 합니다. 학생이라면 화끈하게 3교시에 등교를 해도 좋고, 소박하게 15분 정도만 지각을 해도 좋겠지요. 저는 이걸 못해서 지각할 것 같으면 차라리 학교를 쉬어버리는 스타일입니다. 하지만 이건 좋지 않습니다. 쉬어버리면 "무슨 일 있어?"라는 말을 듣지 못하니까요. 그리고 기한을 어기는 것도 좋다고 생각합니다. 저는 이 분야에서는 완벽한 우등생입니다. 기본적으로 저는 마감 2주 전에는 원고를 보냅니다. 마감 기한이 아슬아슬해지면 무섭거든요. 그래서 마감 직전에 밤을 새워 원고를 쓰는 사람은 믿지 않았습니다. 그런데 최근에 알게 된 게 있습니다. 기한을 어기면 상대가 내 이야기를 들어준다는 사실입니다.

바로 이 책이 그랬는데요, **더는 못 쓸 것 같으니 도망치자고** 생각했습니다. 지각을 하느니 차라리 쉬자는 생각과 일맥상통하는 발상이죠. 그러자 편집자인 시바야마 씨가 저를 신주쿠에 있는 카페로 불러냈습니다. 협박하려는 건가 싶어 겁을 먹고 있었는데 웬걸요, 당시 제가 고민하던 문제들을 모두 다 들어주었습니다. 그때도 만약 제가 기한을 지켜가며 원고를 써 내려갔다면 아무 이야기도 들어주지 않았겠지요? 물론 일부러 일을 그르치는 건 안 되겠만, 상황이 좋지 않으면 우리는 어떻게든 실수를 하게 됩니다. 그건 내 이야기를 들려줄 절호의 기회라고 생각합니다.

자, 어땠나요? 아마도 세상에는 훨씬 많은 '들려주는 기술' 이 있을 거라고 생각합니다. 당신에게도 특별한 경험을 통해 터득한 당신만의 기술이 있을지도 모릅니다. 괜찮다면 **SNS 등에 '#들려주는 기술'이라는 태그를 붙여 공유**해주면 제게도 도움이 되겠습니다. 만약 이 책의 개정판을 출간하게 된다면 추가하고 싶습니다. 그런 의미에서 '들려주는 기술'은 아직 미완의 공략집이라 할 수 있습니다. 그런데 어쩌면 당신은 납득이 안 될 수도 있습니다. 이런 기술을 활용해봐야 사람들이 귀찮아할 뿐 이야기를 들어줄 것 같지 않다. 이건 뭐 꾀병을 권유하는 건가? 이런 목소리가 들리는 것 같군요. 그렇습니다. 이 '들려주는 기술'은 미완성입니다.

한 가지, 꼭 필요한 게 빠져 있습니다. 바로 **당신의 협력**입니다. 만약 당신 주변에 '들려주는 기술'을 구사하는 누군가가 있다면 그의 이야기를 듣기 바랍니다. 느닷없이 검은색 마스크를 쓰고 나타난다면, 당신 앞에서 약을 먹는다면, 화장실에 자주 들락거린다면, 기한을 어기는 사람이 있다면 그 사람의 이야기를 들어주세요. 어떻게 들어주어야 할까요? 그저 "무슨 일 있어?"라고 묻기만 하면 됩니다.

여기에 나열한 기술은 사실 제가 평소에 활용하는 '듣는 기술' 본질 편의 반대 입장에서 쓴 것입니다. 내담자의 몸 상태가 나쁠 때, 복장이 바뀌었을 때, 아니면 상담에 지각했을 때, 저는 "무슨 일 있었어요?"라고 묻습니다. '듣는 기술'의 본질은 '들려주는 기술'을 구사하고 있는 사람을 발견하는 데 있습니다. "내 말 좀 들어줘"라고는 말하지 못하지만 누군가가 이야기를 들어주어야 하는 사람이 방황하는 마음을 내보이고 있습니다. 그를 향해 "무슨 일 있었어요?"라고 묻는 것이야말로 '듣는 기술'의 핵심입니다. 그러므로 '들려주는 기술'과 '듣는 기술'은 세트입니다. 양쪽을 활용해보기 바랍니다. 어느 쪽부터 시작하든 상관없습니다. 당신에게 여유가 있다면 듣는 기술부터 시작하세요. 들려주는 기술을 구사하고 있는 사람을 발견하고 '무슨 일 있었어?'하고 묻는 겁니다. 만약 그럴 여유가 없다면 누군가에게 당신의 이야기를 듣게 하는 것부터 시작하면 됩니다. 검은 마스크를 쓰고 건강검진 이야기를 해보세요. 일상 곳곳에 듣는 사람이 있고, 들려주는 사람이 있습니다. 그리고 그 역할은 돌고 돕니다.

'듣기'와 '들려주기'. 이 둘이 원만히 순환하는 사회가 되었을 때 '들려주는 기술'은 누구나 활용하는 기술로서 완성될 겁니다. 다시 한번 강조합니다. '들려주는 기술'을 배운 우리는 이야기를 들어준다는 것이 얼마나 큰 힘이 있는지 알아야 합니다.

듣는 기술과 들려주는 기술의 본질

아주 젊었을 적, 어딘가에서 상담심리사라는 직업을 마법사처럼 묘사한 걸 보았습니다. '밤에 꾸는 꿈의 의미를 분석하고, 무의식의 저 깊은 곳에 감춰진 목소리를 듣는다.' 마음이라는 눈에 보이지 않는 존재를 다루는 것에 대해 신비로움을 느낀 거라고 생각합니다. 물론 그건 신비로운 일 따위는 아니었습니다. 지금 저축액이 얼마나 있는지를 묻고, 내담자의 상사에게 내담자에 관한 정중한 의견서를 쓰고, '할 일 목록 to-do list'을 작성하는 데 가장 적절한 앱을 함께 찾습니다. 상담에서는 단조롭고, 실제적이고, 현실적인 작업이 반복됩니다. 당연합니다. 내담자의 고뇌는 심각하고, 거칠고, 노골적인 현실 한가운데 있기 때문에 상담심리사는 현실주의자여야 합니다.

그런데 지금 생각해도 신비로웠던 게 하나 있습니다. **'듣기의 힘'입니다.** 곤경에 처해 있을 때, 누군가가 내 이야기를 들어줍니다. 불안에 휩싸여 절망하고 혼란스러울 때, 그 고뇌를 누군가가 알아주고 걱정해줍니다. 고작 이 정도가 마음에 힘을 실어줍니다. 현실은 아무것도 변한 게 없는데 불안감이 수그러들고 생각하는 힘이 회복됩니다. 신비로웠습니다. 그때, 마음은 마치 작은 공 같습니다. 공이 사람에게서 사람에게로 건네집니다. 나 혼자서는 들고 있을 수 없는 공을 누군가가 잠시 맡아줍니다. 그러면 부담은 가벼워지고 마음에 원래 존재했던 힘이 되살아납니다. 신기합니다. 마음은 어떻게 생각해도 공이 아니니까요.

물론 임상심리학에는 다양한 이론이 있어서 예를 들면, '투사적 동일시'라든가 '담아내기containing'와 같은 어려운 말로 '듣기의 힘'을 설명하고 있습니다. 혹은 뇌과학 등에서는 '거울 뉴런*의 작용으로······'라고 설명할지도 모릅니다. 이런 것들도 나름대로 이해는 갑니다. "아, 그렇구나" 하고 말이죠. 하지만

---

* 거울 신경세포라고도 하며 타인의 행동을 관찰할 때 활성화된다. 마치 자신이 직접 행동하는 것과 같은 내적 상태로 만들어주는 작용을 하며 그 행동의 의도를 변별할 수도 있다.

저에게는 아무래도 신비롭습니다. 이상하지 않나? 어째서 누가 내 이야기를 듣는 것만으로 마음이 가벼워지지? **마음이 공처럼 사람과 사람 사이를 통통 튀며 이동하다니, 마법 같지 않은가.** 다만, 메커니즘이 무엇인지는 아마 상관없겠지요. 사실, 이 신비는 모든 사람이 알고 있는 흔한 현상이니까요. 누가 내 이야기를 들어주었는데 마음이 한결 가벼워진 경험이 누구에게나 한 번은 있을 겁니다. 오히려 우리가 '듣기의 힘'을 잊기 쉽다는 게 문제입니다.

'누가 내 이야기를 들어준다고 해서 무슨 의미가 있지?' 어려움을 만나고, 고독해지고, 마음이 절망으로 뒤덮였을 때 '듣기의 힘'을 망각하게 됩니다. 아니, 결국 그 힘을 잊는 것을 '고립'이라고 부르겠지요. 중요한 건 고독하지 않을 때도 누구나가 알고 있는, 이 당연한 신비를 기억하는 일일 겁니다. 이게 바로 제가 이 책을 쓴 목적입니다. 절망이나 고독을 공처럼 타자에게 맡길 수 있다는 것, 그러면 마음속 텅 빈 공간에 작은 희망과 유대 관계의 감각이 생긴다는 것. 인간과 인간 사이에는 이런 신비로움이 존재한다고 생각합니다.

자, 결론을 말해볼까요? 이 책에서 하고 싶었던 말은 간단합니다.

듣는 기술의 본질 ▶

"무슨 일 있었어?"라고 물어보자. 도무지 이 말이 나오지 않을 때는 '내 이야기를 들려주기'부터 시작하자.

들려주는 기술의 본질 ▶

"내 말 좀 들어봐"라고 말해보자. 지금 그렇게 말할 수 없을 때는 '상대 이야기를 듣기'부터 시작하자.

이게 전부입니다. 하지만 가능하면 '들려주기'부터 시작하기를 바랍니다. '듣기의 힘'은 누군가가 내 이야기를 들어주었을 때 비로소 강하게 실감할 수 있기 때문입니다.

실제로 이 책도 그런 힘으로 만들어졌습니다. 제 이야기를 들어준 사람은 〈아사히신문〉의 다카하시 준 기자와 출판사 치쿠마쇼보의 시바야마 히로키 편집자였습니다. 〈아사히신문〉에 연재된 '사회계평'은 3개월에 한 번, 다카하시 기자가 제 사무실을 방문해 엄청난 양의 이야기를 들어주었기에 쓸 수 있었습니다. 아니, 그는 수다쟁이여서 어쩌면 그가 말을 더 많이 한 것도 같은데, 아무튼 둘이서 2시간 정도 이야기하다 보면 어느새 평론의 골격이 완성되어 있어서 신기했습니다. 그렇게 탄생한

평론을 기반으로 책을 만들어야겠다는 생각이 들었을 때, 제 이야기를 들어준 이가 시바야마 편집자였습니다. 여러 이야기를 나눈 결과, 상담심리사로서 실제로 느낀 것들을 그대로 전하려면 우선 대강의 아이디어를 전체적으로 말하고, 이를 바탕으로 원고를 작성하는 게 좋겠다는 결론에 이르렀습니다. 다카하시 기자가 인터뷰를 진행하고(이때도 다카하시 기자는 엄청난 수다쟁이였지만!), 시바야마 편집자가 듣는 역할을 맡아주었습니다. 치쿠마쇼보의 회의실과 스터디카페 '르누아르' 신바시점의 회의실에서 이야기한 것을 시바야마 편집자가 글로 썼고, 이를 토대로 이 책의 본문과 노하우 부분을 썼습니다. 이 책은 이렇게 그 둘이 이야기를 들어줬기에 세상에 나왔습니다.

이럴 때 "하지만 최종적인 책임은 저에게 있습니다"라고 하는 게 출판계의 관례겠지요. 그러나 저는 이번에는 따르지 않겠습니다. **책임은 저뿐 아니라 그 둘에게도 있다**고 느끼기 때문입니다. '이야기를 들려주는' 행위에 깃든 신비의 정체. 그건 책임의 분담이라고 생각합니다. 제가 저자로서 최종적으로 이 책의 책임을 지지 않을 수 없듯 우리는 지금, 본인이 인생의 책임을 모두 짊어지지 않으면 안 되는 사회를 살고 있습니다. 그건 알고 있습니다. 어쩔 수 없습니다. 규범이 그렇습니다. 하지만 이 괴로움을 누군가가 들어줄 때, 부분적이고 일시적일지 모르겠지만 우리는 순간, 책임을 누군가가 분담해주는 듯한 기분이 듭니다. 책임의 일부가 공처럼 누군가에게 건네집니다. 그 사람에게는 그 사람의 능력치가 있으므로 새끼손가락만큼의 힘밖에 빌려주지 못할지도 모릅니다. 그래도 타자가 무거운 것을 함께 들어주려 한다는 뜻은 전해집니다. 이 사실이 마음의 짐을 덜어줍니다.

아니, 아닙니다. 그런 주관적인 감각만의 문제가 아닙니다. 중요한 것은 무슨 일이 있으면 그 사람과 **다시 상의할 수 있다는 확고한 사실**이 존재한다는 겁니다. 이때, 우리는 이제 더는 고독하지 않습니다. 이야말로 '듣기의 힘'입니다.

이상, 이 책의 최종 결론이었습니다. 그러므로 하실 말씀이 있으면 다카하시 씨와 시바야마 씨에게도 말해주세요. 질책도, 날카로운 지적도, 감격의 감상도 모두요.

2022년 7월 4일

기타산도의 카페 '도토루'에서

도하타 가이토

옮긴이의 말

....

이 책은 우리가 일상에서 대화할 때 상대방의 이야기를 잘 '듣고' 상대방에게 자기 이야기를 잘 '들려주는' 방법을 알려줍니다. 잘 듣고 말하기 위해 책까지 읽어야 한다고요? 그냥 집중해서 듣고, 하고 싶은 말을 하면 되는 거 아닌가요? 저도 처음에는 단순하게 생각했습니다. '경청'의 기술도 아니고 그냥 일상에서 늘 하는 '듣기'를 책을 통해 배워야 하나, 하고요.

그런데 페이지를 넘기며 문득 제가 시쳇말로 '독박육아'를 하던 시절이 떠올랐습니다. 한창 육아를 할 때는 어린아이가 아닌 어른과 '소통하는 대화'가 그리웠거든요. 물론 아이는 너무나 예쁘고 사랑스러웠지만 그와는 별개의 문제였지요. 그때 제게 흔쾌히 귀를 빌려준 고마운 친구들이 없었다면 저는 아마도 훨씬 더 힘든 시간을 보냈을 겁니다.

저는 이 책을 통해 '고독'에 대해서도 더 깊이 알게 되었습니다. 마음속 '자기만의 방'에서 조용히 혼자 쉴 수 있는 멋진 '고독'도 있는 반면, 그 방에 여전히 과거의 폭력이 살고 있어 타자를 거부하는 아픈 '고독'도 있다는 것을요. 차츰 도움의 손길도 거부하게 만들어 그 고독은 결국 '고립'이 된다는 걸 말이죠. 이러한 연쇄반응은 사회 전반으로 퍼져 직간접적인 피해자를 양산하기도 합니다.

이 책을 읽으면서 어쩌면 많은 사회병리 현상이 '듣는 능력'이 제 기능을 잃은 데서 기인하는 것일지도 모른다는 생각이 들었습니다. 매번 같은 문제를 놓고 치열한 공방을 벌이지만 결국 시원한 답을 내놓지 못하는, 마치 동맥경화처럼 꽉 막힌 정치판의 쟁의를 봐도 그렇고요. 가정에서, 학교에서, 직장에서 '듣기'만 제대로 이루어져도 외롭고 암담한 상황에 홀로 내버려진 이들이 온기를 되찾을 겁니다. 막상 해보려니 '듣기'가 어려울 것 같다고요? 부담 갖지 않아도 좋습니다. 저자는 듣는 데 필요한 것은 '침묵'이라고 말합니다. 침묵이 많은 대화에는 마음이 녹아든다면서요.

이 책의 저자는 이러이러한 게 '문제'라고 지적하지 않습니다. 그래서 오랜 시간 심리학과 인간관계 이론을 공부했고 정통 임상 상담심리사를 지향하는 저자의 책치고는 어찌 보면 아주 단순해 보이기도 합니다. 그저 상대의 이야기를 '듣고', 그게 어려울 땐 자기 이야기를 먼저 '들려주면' 된다는 초간단 처방을 내리니까요.

이 책의 번역을 마무리하던 무렵, 저희 아버지께서 루게릭병 진단을 받으셨습니다. 명확한 진단이 나오기까지 시간이 오래 걸리기도 했고 안타깝게도 병의 진행이 빨라서 점차 아버지의 말씀을 알아듣기가 많이 어려워졌습니다. 곧 눈으로만 대화를 나누게 될지도 모르겠다는 생각이 들었습니다. 정확한 의사소통은 어렵지만 아버지가 힘겹게 하시는 말씀을 집중해서 끝까지 듣고 최대한 이해하려 했습니다. 수십 년 전, 제 옹알이를 이해하고 원하는 것을 해주려 하셨을 아버지. 남은 시간 쓸쓸하지 않도록 이제는 제가 귀와 마음을 활짝 열고 말씀을 들어드려야겠다고 결심했습니다. 하지만 야속하게도 아버지 병환의 진행 속도는 걷잡을 수 없이 빨라졌습니다. 내 옆에 있는 사람의 작은 목소리에도 충분히, 충분히 귀 기울여주세요. 소중한 사람을 떠나보내고 난 뒤 회한은 너무나 아픕니다.

이 책에는 제가 평생 기억하고 싶은 여러 문장이 있는데 그중 한 문장을 소개하면서 이 글을 마칩니다. 여러분께 뜻깊은 독서가 되었기를, 이 책을 통해 부디 여러분의 내일이 더 살 만한 날이 되기를 바랍니다.

"누군가가 내 이야기를 들어주고 있기 때문에 나도 누군가의 이야기를 들을 수 있습니다."

2024년 1월 10일

김소연

사람들은 왜 내 말을 안 들을까?
20년 경력 상담심리사가 실전에서 써먹는 듣는 기술, 말하는 기술

1판 1쇄 발행   2023년 2월 20일

지은이   도하타 가이토
옮긴이   김소연
펴낸곳   (주)문예출판사
펴낸이   전준배

기획편집   백수미 이효미 박해민
디자인   최혜진
영업·마케팅   하지승
경영관리   강단아 김영순

출판등록   2004.02.12. 제 2013 – 000360호 (1966.12.2. 제 1 – 134호)
주소   04001 서울시 마포구 월드컵북로 21
전화   393 – 5681
팩스   393 – 5685
홈페이지   www.moonye.com
블로그   blog.naver.com/imoonye
페이스북   www.facebook.com/moonyepublishing
이메일   info@moonye.com
ISBN   978-89-310-2346-6 03190

잘못 만든 책은 구입하신 서점에서 바꿔드립니다.

❖문예출판사® 상표등록 제 40-0833187호, 제 41-0200044호